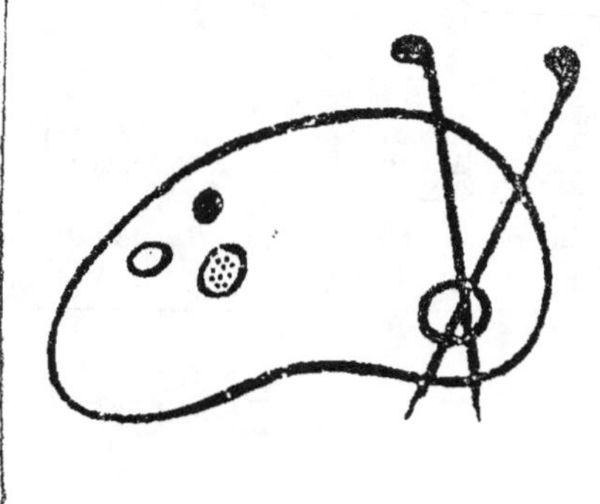

Début d'une série de documents
en couleur

N° 9   COLLECTION ARTHUR SAVAÈTE A 3 FRANCS.

...tique et Littérature, Arts, Sciences, Histoire, Philosophie
et Religion

ÉTUDES
D'HISTOIRE JUIVE

PAR

l'Abbé BARRET

TOME SECOND

PARIS
ARTHUR SAVAÈTE, ÉDITEUR
76, RUE DES SAINTS-PÈRES, 76

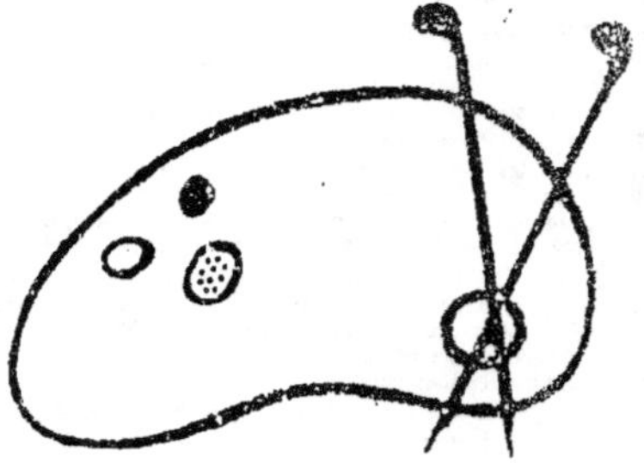

Fin d'une série de documents
en couleur

ÉTUDES
D'HISTOIRE JUIVE

—

JÉSUS

ÉTUDES
D'HISTOIRE JUIVE

PAR

l'Abbé BARRET

TOME SECOND

PARIS

ARTHUR SAVAÈTE, ÉDITEUR

76, RUE DES SAINTS-PÈRES, 76

ÉTUDES D'HISTOIRE JUIVE

JÉSUS

Au moment où il sort des eaux du Jourdain, Jésus apparaît
à ses contemporains dans toute la fraîcheur et la vigueur de
sa trentième année. Dans l'opinion des habitants de Nazareth et des pays circonvoisins, qui connaissent sa famille, il
est regardé comme fils de Joseph et de Marie. Les Evangélistes
raconteront plus tard les incidents merveilleux de sa conception et de son enfantement virginal, les prodiges qui accompagnèrent sa naissance à Bethléem. Mais à l'heure où nous
sommes, ces incidents sont ignorés ou oubliés ; les principaux
témoins, Siméon et Anne, sont morts, les Mages sont rentrés
dans leur lointain pays, la cruauté d'Hérode, vis-à-vis des
enfants de Bethléem, noyée dans les flots d'atrocités commises
par le sanguinaire despote, n'a pas eu de retentissement dans
la patrie adoptive de Jésus. D'ailleurs, les révolutions politiques opérées depuis trente ans ont trop étrangement occu-
pé l'opinion pour y laisser place au souvenir de ces particu-
larités spéciales à une humble famille.

Il n'y a pas trace dans la manifestation messianique de
Jésus, dans ses discours, dans ses entretiens avec ses disciples,

dans les discussions avec les Juifs ou à leur occasion, de la moindre allusion à son enfance. On pourrait objecter contre cette assertion qu'à plusieurs reprises, des malades et des infirmes l'invoquent en lui criant : Fils de David, ayez pitié de nous. Mais ce titre de Fils de David étant une des qualifications réservées au Messie, indique seulement chez ceux qui l'invoquent ainsi, la croyance qu'il est vraiment le Messie, sans impliquer aucune connaissance de sa naissance à Bethléem.

Les mystères et les souvenirs de l'Enfance de Jésus sont et resteront enfermés jusqu'après la Résurrection dans le cœur de Marie, sa mère; et c'est de là qu'ils jailliront alors pour devenir l'objet de la croyance et de l'éternelle adoration des chrétiens.

JÉSUS. — PORTRAIT

Depuis sa première enfance, Jésus avait vécu dans l'intimité de sa famille, modèle exemplaire d'obéissance et de sagesse. Ses parents avaient été ses seuls éducateurs. De bonne heure, Joseph l'avait initié à son métier de charron et sans doute de forgeron, car aujourd'hui encore ces deux industries se trouvent presque toujours associées. Après la mort de Joseph, l'atelier de Nazareth resta ouvert et Jésus, par le labeur de ses mains, pourvut à sa subsistance et à celle de Marie. Ses historiens le font arriver directement de Nazareth aux eaux baptismales du Jourdain.

Il ne fréquenta donc aucune école publique, ne fut membre d'aucune secte. Il sut lire et écrire. Comme moyens extérieurs d'acquérir les connaissances et la science expérimentales, en outre des leçons de sa profession, il eut le magnifique spectacle des œuvres de Dieu dans ce champ de merveilles qu'étalait alors la terre fertile de la Galilée. Au point de vue de la science biblique et de la connaissance de la Loi, il fréquenta les réunions hebdomadaires de la synagogue, fit les pèlerinages annuels au Temple. Doué d'un talent d'observation merveilleux, il montrera dans ses discours et ses paraboles qu'il n'ignore rien de ce qui constitue la vie économique, industrielle et historique de son peuple et de sa race. Il emprunte au soleil, aux eaux, aux vents, aux bêtes fauves, aux oiseaux, aux fleurs des champs ses images favorites et ses poétiques comparaisons. Il connaît les douleurs et les joies des mères, les larmes et les détresses des veuves, les fatigues du laboureur et des vignerons, les pratiques des banquiers, les roueries des intendants peu scrupuleux.

Jamais ses ennemis subtils et acharnés ne le pourront prendre en défaut sur aucun des points de la science des Ecritures. Il résoudra avec une facilité merveilleuse les problèmes les plus complexes, les plus délicats qu'on lui posera successivement pour le mettre à l'épreuve et le faire tomber dans des pièges savamment ourdis.

Sa puissance de lire au fond des cœurs, de pénétrer les sentiments les plus intimes, de démasquer les pensées cachées, sera si merveilleuse et si indiscutable, que nombre de Juifs en concluront que l'esprit des Prophètes, l'esprit de Dieu est en lui et le reconnaîtront à ce signe, non moins qu'à la profusion de ses grâces miraculeuses, comme le Messie, fils de Dieu.

En attendant, Jésus n'est donc, extérieurement, aux yeux de ses concitoyens, qu'un humble nazaréen, un modeste ouvrier, le citoyen d'une bourgade de petite réputation; pour les orgueilleux habitants de Jérusalem et de la Judée proprement dite, il ne sera, de prime abord, et par suite du préjugé invétéré, qu'un provincial arriéré et plus ou moins suspect.

Si nous en jugeons d'après le don qu'il eut d'attirer à lui, principalement les enfants, l'expression de son visage devait avoir quelque chose de divinement bon, de suavement aimable. Comme ses compatriotes, il portait les cheveux longs et la barbe entière; son costume, conforme à celui du commun du peuple, se composait d'une tunique ou vêtement de dessous, sorte de blouse longue à manches, serrée par une ceinture, et descendant jusqu'aux pieds. En dehors du travail, ou dans les réunions, ou dans les assemblées publiques, on se drapait par-dessus d'une pièce d'étoffe carrée qui recouvrait ainsi le premier vêtement. Ses relations habituelles étaient avec les hommes de la classe moyenne et laborieuse. C'est parmi eux qu'il recrutera ses premiers disciples et ses compagnons dévoués. C'est avec eux qu'il entreprendra de faire du monde entier un seul troupeau, qui le reconnaîtra comme unique Pasteur, qui croira en lui comme dans l'Unique Maître de la vérité, qui espérera en lui comme dans l'Unique Auteur de la vie et du salut éternel, qui l'aimera d'un amour exclusif, au point de sacrifier pour lui richesses, famille, patrie et d'affronter pour lui les supplices, les tortures et les pires genres de mort.

Quand on mesure la distance infinie de l'humble point de départ au but conquis et irrévocablement possédé par Jésus, la disproportion des moyens et les résultats acquis, il faut vraiment un aveuglement irréductible à toute lumière pour prétendre qu'il n'y a dans ce changement mondial qui a jeté la terre entière en adoration aux pieds d'un pauvre Nazaréen, qu'une œuvre purement humaine, et pour ne pas reconnaître, avec la foi des siècles et le dogme catholique, que, sous la forme humaine de ce Jésus, unie à son humanité, il y avait la nature divine irradiant cette âme humaine de ses infinies lumières et de sa puissance suprême; qu'il y avait Dieu se réconciliant avec l'univers.

JESUS. ITINERARIUM VITAE PUBLICAE.

782. Jean, la 15ᵉ année de Tibère qui commence le 17 d'août, inaugure sa prédication.

783. Janvier. Jésus-Christ se fait baptiser, — passe 40 jours dans le désert, — revient sur les bords du Jourdain, — reçoit le témoignage de Jean qui avait été interrogé par les délégués des Pharisiens, — voit venir à lui Jean et Jacques et ses premiers disciples.

JÉSUS. — LE JEÛNE DANS LE DÉSERT.

(Luc, IV, 1, 12).

La tentation de Jésus dans le désert est historiquement un document d'autobiographie. Le récit est de lui : il n'y avait nul autre témoin. Il s'y révèle lui-même, comme un imitateur des pratiques ascétiques qu'avaient pratiquées des prophètes comme Elie et Elisée, dont son Précurseur donnait un exemple si persévérant et si rigoureux.

Il s'y révèle encore comme supérieur à Satan, renversant d'un mot toutes les tentatives que celui-ci fait successivement pour séduire l'homme invincible à tous les appétits, à toutes les passions humaines, l'homme sans péché comme il le déclarera plus tard.

Il s'y révèle comme supérieur aux anges, puisque ceux-ci se font ses serviteurs.

Il repousse d'un mot les suggestions de Satan comme impies ou blasphématoires, mais il se laisse appeler par lui Fils de Dieu, sans protestation; il accepte ce titre comme une qualité qui lui appartient.

Cette tentation au désert est le seul fait de sa vie historique que Jésus paraisse avoir raconté lui-même.

JÉSUS. — DÉBUTS DE SA VIE PUBLIQUE. — TÉMOIGNAGES DE JEAN-BAPTISTE. — PREMIERS DISCIPLES.

(Joan, I, 29-51).

Après son baptême et ses quarante jours de jeûne, Jésus descendit du mont de la Quarantaine et revint sur les bords du Jourdain où Jean baptisait. La veille, le Précurseur avait reçu les délégués des Pharisiens et des Sadducéens de Jérusalem, qui étaient venus le questionner d'une façon inquisitoriale sur sa mission. Il avait répondu qu'il n'était pas le

Messie, mais qu'au milieu d'eux était présent (ἔστηκεν) ce Messie qu'ils ignoraient.

Le lendemain, Jean-Baptiste voit Jésus qui s'avance vers lui. Il lui rend publiquement témoignage, dit qu'il était avant lui, qu'avant de le connaître personnellement et *de visu*, il était venu baptiser sur les rives du Jourdain afin de lui donner ainsi l'occasion de se manifester, qu'il avait vu l'Esprit-Saint descendre sur lui comme une colombe et s'y reposer, etc. Il a vu, il a rendu témoignage qu'*il est le Fils de Dieu* (15, 34).

Le surlendemain, Jean se trouvait avec deux de ses disciples : il aperçoit Jésus qui se promenait et il dit à ses disciples : Voici l'Agneau de Dieu [1].

Les deux disciples quittèrent Jean et se mirent à suivre Jésus. Jésus en se retournant leur dit : — Que cherchez-vous? Ils lui dirent : — Rabbi, où demeurez-vous? Il les emmena avec lui et leur montra son logement, et ils restèrent avec lui ce jour-là.

L'un était André, et l'autre, qui garde l'anonyme, est assurément Jean lui-même, l'auteur du récit, fidèle en cela au système qu'il a suivi de ne pas se nommer une seule fois dans son Evangile.

JÉSUS. — SES PREMIERS DISCIPLES.

(Joan, I, 41-47).

André et Jean ont donc suivi Jésus.

André rencontre son frère Pierre et lui dit : — Nous avons trouvé le Messie, et il l'amène à Jésus. Jésus le pénètre d'un regard et lui dit : — Tu es Simon, fils de Jonas; tu t'appelleras Cephas (Pierre).

Le lendemain, Jésus voulut prendre la route de la Galilée. Au moment du départ, Jésus aperçoit Philippe, originaire de

---

1. Ainsi, d'après le témoignage de Jean-Baptiste, au Messie appartiennent les appellations propres, les titres de *Fils de Dieu*, d'Agneau de Dieu.

Bethsaïda, le compatriote de Pierre et d'André, et il lui dit :
— Suis-moi.

Philippe, à son tour, rencontre Nathanaël (Barthélemy, Math., X, 3) auquel il s'empresse de conter les derniers incidents : Celui de qui a écrit Moïse, de qui ont écrit les Prophètes, nous l'avons trouvé : c'est Jésus, fils de Joseph, de Nazareth.

Les premiers disciples ignorant tout ce qui concernait la conception et l'enfantement miraculeux de Jésus, le prenaient pour le fils de Joseph et de Marie : néanmoins, sur le témoignage de Jean-Baptiste, ils n'hésitaient pas à le reconnaître pour le Messie, malgré l'obscurité de sa naissance et la petite réputation de sa patrie.

Nathanaël, lui, y voit une objection préjudicielle : Nazareth n'est pas une patrie qui convienne au personnage du Messie. — Peut-il sortir quelque chose de bon de Nazareth ? — Philippe se contente de lui dire, sans entrer dans aucune discussion : — Viens et vois.

JÉSUS. — SES PREMIERS DISCIPLES.
NATHANAEL, BARTHÉLEMY.

(Joan, 47-52).

Jésus vit Nathanaël qui s'avançait vers lui, et il dit en parlant du nouveau venu :

— Voici un véritable Israélite, en qui il n'y a pas de fraude. Nathanaël lui répond : — D'où avez-vous pu me connaître ? — Jésus lui répliqua : — Avant que Philippe ne t'appelât, lorsque tu étais sous le figuier, je te vis.

Jésus s'attribue par ces mots un double caractère prodigieux, surhumain : la vision à distance, à travers les obstacles et les ombres les plus noires, et la pénétration des pensées intimes du cœur. Car, évidemment, dans ces mots : « lorsque tu étais sous le figuier », il y avait une allusion à une pensée secrète, intime, qui préoccupait à ce moment même Nathanaël.

Il le comprit si bien, y vit une telle preuve de prophétisme qu'il s'écrie à l'instant : — Vous êtes le Fils de Dieu, vous êtes le roi d'Israël.

Jésus lui répondit et lui dit : — Parce que je t'ai dit : Je t'ai vu sous le figuier, tu crois ; tu verras de plus grandes choses que ceci. Et il continua s'adressant à Lui et à ses premiers disciples : — Désormais, vous verrez le ciel ouvert, et les anges de Dieu monter et descendre vers le Fils de l'homme. (Joan, 52).

Avant que Jésus ait fait une manifestation personnelle active, avant qu'il ait ouvert la bouche pour énoncer ses titres et sa mission, il est reconnu pour le Messie, sur le témoignage de Jean, son précurseur. Il reçoit à ce titre la foi de fidèles et de disciples qui viennent s'offrir à lui, le qualifie de Rabbi (maître) et lui engagent leur vie.

Les deux premiers se sont présentés à lui avant qu'il les appelât ; il n'a eu qu'à les accepter : le troisième lui a été amené par son frère. Il a invité le quatrième, Philippe, à le suivre ; celui-ci lui en amène un cinquième qui, d'abord un peu incrédule, devient, sous le regard de Jésus qui l'a pénétré jusqu'au fond de l'âme, le plus enthousiaste et le plus croyant. Pour lui Jésus n'est plus seulement le Messie, comme pour les quatre premiers ; il l'appelle Fils de Dieu, roi d'Israël. On voit que, dans son opinion, ces titres appartenaient de droit au personnage revêtu du caractère messianique.

Jésus, loin de paraître surpris de ces hommages, les accepte ; il leur promet de les rendre témoins de plus grands prodiges, tout spécialement de leur montrer les anges devenir désormais les serviteurs du Fils de l'homme.

LE FILS DE L'HOMME.

(52 bis).

C'est ici qu'il prend pour la première fois ce titre de Fils de l'homme, sous lequel il se désignera de préférence durant tout le cours de sa vie mortelle. Il résume en effet excellemment son premier rôle messianique.

Cette appellation qui le place, sous un point de vue, sur une souche commune avec nous, comme la chair de notre chair et l'os de nos os, indique cependant, en même temps, qu'il est plus qu'un individu ordinaire. Il n'est plus un fils de l'homme, comme les autres descendants d'Adam; mais il est le *Fils de l'homme. L'Homme*, dans sa plus haute signification. *L'Homme* idéal, universel, absolu, le second Adam descendu du ciel, *le Chef* d'une nouvelle et supérieure catégorie de notre race, le *Roi d'Israël*, le *Messie des Juifs* et des *Gentils*. C'est un terme plus compréhensif que celui de *Fils de David*, l'un des noms sensiblement donnés au Messie, mais avec une relation plus particulière aux Juifs.

Cette métaphore, le Fils de l'Homme, n'implique pas seulement, comme d'aucuns le supposent, l'existence d'humiliation et d'abaissement du Messie, mais plutôt son élévation au-dessus du niveau ordinaire, l'actualisation dans son humanité, et par son intermédiaire de l'idéal suprême de la nature humaine sous son aspect moral et religieux, c'est-à-dire dans sa relation avec Dieu. (Joan, 52 bis).

Le Fils de l'Homme est le centre d'unité du genre humain, la *récapitulation* de l'humanité, pour employer un terme d'Irénée. Il est le véritable fruit de la femme, le second Adam, qui restaure ce que le premier a détruit. Cette interprétation du titre de Fils de l'Homme est autorisée *grammaticalement* par l'emploi de l'article défini, *historiquement* par l'origine de ce terme, selon l'interprétation généralement donnée aux versets de Daniel (VII, 13, 14) où il est appliqué au Messie comme au chef d'un universel et éternel royaume [1].

Jésus lui-même est parfaitement conscient de la grandeur et de la signification exceptionnelle de ce titre, puisqu'il enseigne qu'à partir de cette heure les anges sont devenus les serviteurs et les messagers de ce « Fils de l'Homme »(Joan, 524).

Fidèle à cette interprétation dans tout le cours de sa manifestation terrestre, il enseigne que Celui qui est descendu du Ciel est « le Fils de l'Homme qui est dans le Ciel » (Joan. III, 13); il déclare que le Fils de l'Homme a le pouvoir de remettre les péchés (Matth. IX, 6; Marc, II, 10); qu'il est le Maître même du jour du Sabbat (Matth., XII, 8; Marc, II, 28.) Le Fils de l'Homme, c'est le principe de vie universelle : Si vous ne mangez la chair du Fils de l'Homme et si vous ne buvez son sang, vous n'aurez pas la vie en vous (Joan, VI, 53.) Le Fils de l'Homme viendra dans la gloire de son Père. Le Fils de l'Homme est venu sauver ce qui était perdu (Matth. XVIII, 11). Le Père lui a donné la puissance même de faire le jugement, parce qu'il est le Fils de l'Homme [2]. (Joan. V, 27.)

Les passages dont on pourrait nous opposer les textes reçoivent, selon notre interprétation, plus de force et plus de beauté en raison du contraste qui fait ressortir, dans une éblouissante lumière, les volontaires condescendances et humiliations du Christ. Par exemple, lorsqu'il nous dit :« Les renards ont leurs tanières, les oiseaux du ciel ont leurs nids; mais le Fils de l'Homme n'a pas où reposer sa tête. » (Luc, IX, 58.) Ou bien encore : « S'il en est un qui veuille être grand parmi vous, qu'il se fasse votre serviteur. S'il en est un qui veuille être le premier, qu'il se fasse votre esclave. Selon cet exemple que le Fils de l'Homme n'est pas venu pour être servi, mais pour

---

1. Philip. Sschaff p. 44, professor in the Union théological Seminary, New-York, *The Person of Christ*, p. 83 et suiv.

2. Matth. XV, 17; Cf. XIX, 28; XXIV 31; XXVI, 64; Luc XXI, 27, 28.

servir et pour donner son âme en rançon des multitudes ».
(Matth. XX, 26-28.) [1]. (Joan, I, 525)

RETOUR EN GALILÉE APRÈS SON BAPTÊME.
LES NOCES DE CANA

(Joan, II, 1-5).

Jésus, avec ses premiers disciples, quitta donc Bethania,
autrement dit Bethsaram, pour retourner en Galilée. C'était
un voyage de quelques jours. Ils suivirent probablement l'a-
gréable route qui court sur le flanc oriental des montagnes
de Judée, entre celles-ci et la vallée du Jourdain, franchirent,
à partir de Bethsan, en inclinant à l'ouest, le massif des monts
de Samarie, et, de là, par le plateau d'Esdréla, arrivèrent bientôt à Nazareth. Jésus avait hâte, sans aucun doute, de retrouver sa mère, qu'il venait de quitter, il semble, pour la première fois.

Il ne l'y trouva pas. Un mariage devait se faire, dans trois
jours, à Cana de Galilée, et la mère de Jésus s'y était déjà
rendue. Jésus fut aussi invité de se rendre à la fête des
noces avec ses disciples. Il y alla. Le repas commença, les
convives étaient assez nombreux, et le vin allait manquer
dès le milieu du repas. Marie s'en aperçut. Elle s'approcha
de Jésus et lui dit : — Ils n'ont plus de vin. — Jésus lui
dit : — Qu'y a-t-il entre moi et vous, femme ? mon heure n'est
pas encore venue. Sa mère dit aux serviteurs : — Quoi que ce
soit qu'il vous dise, faites-le. (Joan, 5-11).

L'on sait comment Jésus, devançant, pour ainsi dire, pour
complaire à sa mère, l'heure de la manifestation de sa puissance miraculeuse, changea les hydres d'eau en un excel-
lent vin, accomplit ainsi le premier de ses miracles, en témoi-

---

1. Philip. Sschaft. *Ibid.* p. 86.

gnage de sa mission, sous les yeux de ses disciples, ce qui confirma la foi qu'ils avaient en lui.

Ce fut le commencement de sa renommée dans la Galilée et les environs. Il l'accrut par les enseignements qu'il commença de donner les jours de sabbat, dans les synagogues (Luc, IV, 14-15.) En quittant Cana, Jésus ne paraît pas être retourné à Nazareth. Il vint s'établir à Capharnaüm, « avec sa mère, ses frères et ses disciples » (Joan, 11-12; Luc, IV, 23.) Il fit de cette ville sa résidence fixe, le centre de son enseignement, où il aimait à venir se reposer de ses courses évangéliques.

Il n'y dut rester cette fois que peu de jours (Joan., 11-12), parce que la fête de la Pâque juive était proche. Jésus se mit en route pour Jérusalem (*Ib.* II, 13.)

Si le baptême de Jésus eut lieu, comme la chronologie la plus sérieuse le ferait supposer, au commencement de l'an de Rome 782, vers les nones de janvier, la Pâque tombant cette année le 25 mars, on voit qu'en effet le séjour de Jésus en Galilée, après son baptême, après la quarantaine du désert, ne put être que de quelques semaines.

SÉJOUR EN GALILÉE. — PREMIER PÈLERINAGE DE LA PAQUE.

Jésus semble être allé directement à Jérusalem sans s'arrêter. La phrase qui annonce son départ est suivie immédiatement de celle qui annonce son arrivée, sans qu'il soit question, ni de la direction suivie, ni d'aucune halte.

Nous retrouvons donc Jésus à Jérusalem dans le Temple. C'était la maison de son Père; ii s'y montre, comme y étant chez lui, avec l'autorité d'un maître. Il trouva installé, dans l'intérieur des portiques sacrés, tout un bazar commercial; des vendeurs de bœufs et de brebis, des colombes, des changeurs assis à leur banc. Il fit un fouet d'un faisceau de cordes, les chassa tous du temple, ainsi que les bœufs et les brebis, jeta par terre les monnaies, renversa les bancs et dit à ceux qui vendaient des colombes : — Enlevez ça d'ici : ne faites pas de la maison de mon Père un marché public.

Son geste est tout-puissant, sa voix impérieuse, rien ne lui résiste. Lui, demeure en pleine possession de lui-même, mesure souverainement ses actes aussi bien que ses paroles : Il traite avec douceur les humbles marchands de colombes, les mots qui sortent de ses lèvres sont un hommage à la divinité de son père.

HOMMAGE A LA DIVINITÉ DE SON PÈRE

Les Juifs s'approchèrent et lui dirent : — Quel signe nous montrez-vous vous autorisant à agir ainsi? Jésus leur fit une réponse qui devait rester pour eux une énigme jusqu'à ce que se fût réalisé le miracle de sa résurrection : — Détruisez leur dit-il, ce temple, et en trois jours, je le relèverai. (Joan., II, 14-23).

Durant les jours de la Pâque passés à Jérusalem, Jésus fit de nombreux prodiges, et beaucoup de Juifs firent profession de croire en lui[1].

Un pharisien, chef des Juifs, c'est-à-dire l'un des chefs du Grand Conseil, vint le trouver, la nuit, pour l'entretenir : — Maître, nous savons, — il n'était pas seul de ce sentiment, plusieurs pensaient comme lui, — nous savons que vous êtes venu de Dieu comme un Maître, car personne ne pourrait accomplir les prodiges que vous faites, si Dieu n'était avec lui.

Jésus accueillit avec bonté ce Pharisien à la fois superbe et faible, que sa pusillanimité empêchait de se déclarer publiquement. Au début de son ministère messianique, Jésus mettait en jeu toute la puissance d'attraction divine qui était en

---

1. Cette indication sommaire, est, avec l'épisode suivant, tout ce que nous savons de cette période de la vie de Jésus.

lui pour s'attacher la confiance et la foi des Pharisiens eux-mêmes et les guérir ainsi de leurs erreurs. (Joan, III, 1-22).

Comme le principe en était l'orgueil intellectuel, par suite duquel ils se considéraient comme les maîtres de la loi, et ayant seuls qualité pour l'expliquer au reste du peuple, Jésus commence par lui poser un problème qui lui prouve son ignorance et son besoin de se laisser instruire. Il lui dit que, pour voir le royaume de Dieu, c'est-à-dire la manifestation du Messie, il fallait commencer par naître d'en-haut.

NICODÈME.

Nicodème semble soupçonner qu'il s'agit d'une nouvelle naissance corporelle, et il demande comment un vieillard pourra accomplir cette double condition. Jésus lui répond que la renaissance qu'il lui demande est celle qui se fait de l'eau et de l'esprit, sans laquelle on ne peut entrer dans le royaume de Dieu. Et le nouveau Maître essaie de faire saisir à son disciple nocturne la différence entre l'esprit et la chair.

Nicodème ne comprend toujours pas, et il n'est pas en disposition de croire aux affirmations de Jésus. Il fait de nouvelles instances : — Mais comment cela se peut-il faire? Il s'attire un reproche d'ignorance. Lui, un maître en Israël, il ne sait pas même les choses élémentaires de la manifestation messianique. (Joan, IV, 1-12).

Jésus, qui vient d'être appelé Maître, montre qu'il l'est véritablement. Il affirme plus absolument sa doctrine: — En vérité, en vérité, je te le dis : ce que nous savons ($\H{o}$ οιδαμεν remarquez la forme pluriel du verbe), nous le disons, et ce que nous avons vu, nous en rendons témoignage, et vous ne recevez pas notre témoignage. Ainsi, à celui qui ne peut comprendre encore, fût-il un maître en Israël, il demande de prime abord la foi. « Si je vous dis des choses terrestres et que vous prétendiez n'y pouvoir croire; comment, si je vous dis des choses célestes, pourrez-vous les croire? »

Mais qui donc peut prétendre apporter aux hommes des révélations célestes? Lui, le Maître, et lui seul. Car personne n'est monté dans le Ciel, si ce n'est celui qui est descendu du Ciel. Celui-là c'est le Fils de l'Homme qui est dans le Ciel. Comment donc est-il dans le Ciel, ce Fils de l'Homme qui est sur la terre et qui parle présentement à Nicodème, si ce n'est qu'entre le Ciel et lui il y a un lien indissoluble, et que le Ciel est partout où il se trouve!

Puis, nouveau problème, ce Fils de l'Homme va à la mort et à la mort par le supplice ignominieux de la Croix. « Car de même que Moïse a élevé le serpent dans le désert, de même il faut que le Fils de l'Homme soit élevé, afin que tout homme qui croira ne périsse pas, mais qu'il ait la vie éternelle. » De même qu'il fallait regarder le serpent d'airain pour être guéri, de même il faudra croire à ce Crucifié pour être sauvé. (Joan, IV, 1-12).

Ce sera là le triomphe de la manifestation terrestre du Messie; et pareillement le triomphe de la manifestation de l'amour de Dieu. Car effectivement « Dieu a aimé le monde au point de donner son *Fils unique*, afin que tout homme qui croit en lui ne périsse pas, mais qu'il ait la vie éternelle. »

« Dieu n'a pas envoyé son Fils dans le monde pour juger le monde, mais pour que le monde soit sauvé par lui. Celui qui croit en lui n'est pas jugé, mais celui qui ne croit pas est déjà jugé »; il a au dedans de lui, dans le livre ineffaçable de sa conscience, les motifs du jugement qui sera prononcé plus tard, solennellement contre lui; « parce qu'il n'a pas cru dans le nom du *Fils unique de Dieu*. »

Toute la raison déterminante du jugement de l'homme par la toute-puissance de Dieu et de son Messie repose en ceci :

« C'est que la Lumière est venue dans le monde et les hommes ont préféré les ténèbres à la lumière, parce que leurs œuvres étaient mauvaises. Car quiconque fait le mal hait la lumière et tourne le dos à la lumière, afin qu'elle ne révèle pas la malice de ses œuvres. Mais celui qui fait ce qui est vrai, vient vers la lumière pour que ses œuvres soient manifestées, car elles ont été faites en Dieu. »(Joan, IV, 1-12).

Quel fut l'effet de ces prodigieuses révélations sur l'esprit de Nicodème? Saint Jean n'en dit pas un mot et le visiteur nocturne reste provisoirement dans l'ombre. Il y avait dans cette âme des calculs, des considérations personnelles, des ménagements vis-à-vis de l'opinion dominante, la peur du qu'en dira-t-on, assez de raisons, en somme, pour nous autoriser à penser qu'il ne se prononça pas sur le moment.

Mais comme, cependant, il y avait aussi en lui un amour prédominant de la vérité, la semence jetée en son âme ne fut pas perdue; elle y germa mystérieusement; à la veille et à l'heure de la Passion, nous le retrouverons se faisant l'avocat de Jésus dans le Sanhédrin, surpassant les Apôtres eux-mêmes par son courage et sa fidélité au Messie crucifié et lui donnant la sépulture. N'avait-il pas d'ailleurs reçu, le premier peut-être, de la bouche du Messie, la révélation prophétique de ces mystères renfermés dans sa mort?

DÉBUTS DE SA PRÉDICATION EN JUDÉE.

(Joan, II, 1-22).

Après la fête de Pâque, Jésus et ses disciples, au lieu de retourner en Galilée, firent des excursions en Judée, se rapprochèrent du Jourdain et s'y établirent durant quelque temps, probablement dans l'endroit même où Jésus avait reçu le baptême. Jésus y exposait sa doctrine, les foules s'assemblaient autour de lui comme jadis autour du Précurseur; beaucoup croyaient à sa parole, se déclaraient ses disciples; et les apôtres les baptisaient. (Joan., IV, 1-2.)

Jean, en effet, poursuivi par les tracasseries des Pharisiens, avait quitté cette station et avait transporté le centre de son enseignement à Ainon, une localité baignée par des sources d'eau vive. Une foule de peuple continuait d'y venir se faire instruire et baptiser par lui. Un jour, une discussion s'éleva

entre les disciples de Jean et certains Juifs au sujet de ces
baptêmes. On était venu faire à Jean le rapport suivant :
« Maître, celui qui était avec vous, de l'autre côté du Jourdain, et à qui vous avez rendu témoignage, a pris votre
place, il baptise à son tour et tout le monde va vers lui. »

PRÉDICATION EN JUDÉE.

Il semble qu'on ait voulu éveiller ainsi les susceptibilités
jalouses de Jean-Baptiste et lui arracher une parole de blâme
contre ce disciple de la veille qui maintenant le supplantait.
Mais Jean-Baptiste était au-dessus de ces misères humaines :
« Vous êtes témoins, leur répondit-il, que j'ai déclaré que je
ne suis pas le Messie, mais que je suis envoyé au-devant de
lui... C'est à lui maintenant qu'il appartient de grandir, et à
moi de m'amoindrir. » Et il lui rend de nouveau témoignage.
« Il est, dit-il, celui qui, venu d'en-haut, est au-dessus de tous ;
de qui la parole véridique n'affirme que ce qu'il a vu et entendu, et, cependant, ne rencontre souvent que des oreilles
dures et incrédules ; Celui que Dieu a envoyé et qui
énonce les oracles de Dieu dans la plénitude de l'Esprit-Saint ;
le Fils chéri du Père qui lui a tout remis entre les mains.
Quiconque croira dans le Fils aura la vie éternelle ; celui qui
sera incrédule au Fils, ne verra pas la vie ; au contraire la
colère de Dieu demeure contre lui. »

PRISON DE JEAN-BAPTISTE.

Ainon, où résidait alors Jean-Baptiste, et dont la situation
exacte n'est pas déterminée, devait se trouver dans les limites
du gouvernement d'Hérode Antipas. Le Tétrarque donna ordre de se saisir de lui et le fit jeter en prison, à cause
de propos tenus contre lui et contre sa femme Hérodiade. Celle-
ci avait quitté Philippe, son premier mari, le propre frère
d'Hérode, pour vivre avec celui-ci. C'était une union double,

ment criminelle et incestueuse. La loi donnait au mari seul,
le droit de délivrer une cédule de divorce; de plus, elle défendait à un frère d'épouser la femme de son frère, sauf les
exemptions prévues dans le cas du lévirat.

Jean-Baptiste, l'ascète inflexible, le rude prédicateur qui
reprochait en face aux Pharisiens leur malice et leurs hypocrisies, ne pouvait croire que l'offense criminelle à la Loi était
inviolable parce qu'elle se couvrait sous un lambeau de pourpre. Il reprocha hardiment à Hérode sa conduite. « Il ne vous
est pas permis, lui dit-il, d'épouser la femme de votre frère. »
(Matth., XIV, 1; Marc, VI, 14-21.)

Ces propos revinrent aux oreilles d'Hérodiade, femme orgueilleuse et cruelle, comme la plupart des impudiques. Dès
lors, elle assiégea les oreilles d'Hérode de cris de vengeance.
La mort seule du coupable pouvait expier l'affront qu'elle
en avait reçu. Hérode dut céder; mais il était moins pressé de
charger ses mains du sang d'un juste révéré de tout le peuple
à cause de sa sainteté et qui ne lui avait fait à lui-même
que des reproches, durs si l'on veut, mais mérités. Il donna
l'ordre de charger Jean-Baptiste de chaînes et le fit étroite-
ment garder en prison.

La justice d'Hérode était assez avisée pour ne pas livrer
au public les motifs réels de cette arrestation, et jeter en pâ-
ture à la malignité populaire les scandales de l'adultère prin-
cier. On imagina des raisons d'Etat, comme nous l'apprend
l'historien Josèphe, qui fait remonter à cette arrestation du
saint Précurseur et au meurtre qui la suivit la cause de toutes
les calamités qui attristèrent les dernières années d'Hérode Antipas.

On répandit le bruit que le concours de peuple qui se faisait
autour de Jean-Baptiste, que le fanatisme de ses disciples qu'on
savait disposés à accomplir ses ordres quels qu'ils fussent,
faisaient craindre des mouvements tumultueux, des tentatives
révolutionnaires semblables à celles qui avaient troublé la
Galilée après la mort d'Hérode Ier. C'est pour les prévenir

qu'Hérode faisait arrêter Jean-Baptiste. Il fut d'ailleurs encouragé et soutenu dans cette circonstance par la haine jalouse des Pharisiens, ainsi que le remarquait peu après Jésus lui-même. (Matth., XVII, 11-14.)

Jean-Baptiste resta assez longuement en prison. Hérode était subjugué lui-même par l'ascendant de sa sainteté et malgré les excitations furieuses d'Hérodiade, il ne pouvait se décider à le faire mourir; il prenait au contraire plaisir à le faire paraître devant lui et à l'interroger. Les disciples du Précurseur pouvaient avoir accès près de lui; il leur continuait ses enseignements et sa direction.

Pourquoi Jean-Baptiste, après que le Messie lui eut été manifesté et qu'il lui eut rendu témoignage, continua-t-il à tenir école à part, au lieu de se joindre à lui avec ses disciples? Ce dernier parti semblait être plus logique, puisque lui-même avait déclaré que l'heure était venue de s'effacer devant celui qu'il avait eu mission d'annoncer au peuple juif.

Voici ce qu'on peut répondre à cette difficulté. Jean-Baptiste continuait d'ensemencer un champ où Jésus et ses Apôtres récolteraient leurs meilleures moissons; les deux écoles parallèles ne furent jamais en opposition, car nous verrons le Précurseur, quelques mois avant sa mort, envoyer de ses disciples en mission auprès de Jésus; le supplice de Jean, qui suivit de très près le baptême de Jésus, en même temps qu'il confirmait son ministère de précurseur et les témoignages qu'il avait rendus à Jésus par l'effusion du sang, mettait fin à son école pour ne plus laisser subsister que celle de Jésus.

RETOUR DE JÉSUS EN GALILÉE.

Jésus fut promptement informé de l'arrestation de son Précurseur et il apprit en même temps que les Pharisiens, débarrassés de Jean, tournaient maintenant vers lui leur soupçonneuse attention et commençaient à prendre ombrage du grand nombre de disciples qui venaient recevoir ses leçons et le baptême des mains de ses disciples. Il résolut donc de quitter la Judée où il venait de s'attribuer l'un des droits du Messie, en faisant baptiser par ses disciples ceux qui venaient l'entendre, et il reprit le chemin de la Galilée par la route qui traversait la Samarie.

La Judée, d'où la malice des Pharisiens le forçait de s'éloigner, dès le début du ministère messianique, ne fut l'objet d'aucune de ses grâces miraculeuses; il paraît avoir traversé rapidement la contrée. Arrivé à la frontière méridionale de la Samarie, il s'arrêta près de Sichar, ou Sichem, non loin du tombeau de Joseph, et fatigué de cette course rapide, il s'asseyait sur une pierre qui formait la margelle du puits de Jacob. Ses disciples s'en vont à la ville pour acheter des vivres et le laissent seul. Il semble tout naturel d'en conclure qu'ils étaient bien peu nombreux, deux ou trois au plus; autrement, s'il y en avait eu un plus grand nombre, une partie d'entre eux fût restée avec Jésus.

LA SAMARITAINE.

Pendant l'absence des disciples, une femme de Samarie s'en vient au puits, puiser de l'eau, pour le repas du milieu du jour. Jésus, se montrant supérieur à tous les préjugés de sa race, qui regardait les Samaritains comme des êtres impurs et évitait d'avoir aucun rapport avec eux, demanda à cette Samaritaine de lui donner à boire.

Comme cette femme manifeste sa surprise de ce que lui, un juif, lui adresse la parole et lui demande un service, Jésus lui répond en disant qu'il fera jaillir du cœur des hommes les sources intarissables de la vie spirituelle; avec cette puissance surhumaine qu'il a déjà manifestée dans sa rencontre avec Philippe, il retourne, d'un regard impitoyable, la conscience de cette Samaritaine, lui dévoile sa vie entière et ses fautes. Celle-ci, bouleversée, dit à son interlocuteur : « Seigneur, je vois que vous êtes un prophète. » Jésus accepte cette qualité, lui dit que l'heure va venir, où le culte de Dieu ne sera plus limité ni localisé à Jérusalem pour les Juifs, à la montagne de Sichem pour les Samaritains. Bien qu'il soit vrai que le salut doit venir des Juifs, il s'étendra, par toute la terre, à tous ceux qui adoreront le Père en esprit et en vérité, car c'est seulement de tels adorateurs que recherche le Père. « Effectivement, lui répond la Samaritaine, il est question que le Messie, dit le Christ, va venir; ce sera lui qui, après sa manifestation, nous enseignera toutes choses. »

On croyait ainsi à Samarie, comme à Jérusalem, à l'avènement prochain du Messie; il paraît même que les fils de Sichem avaient du rôle du Messie une idée plus idéale, plus spirituelle, moins matérielle, moins terrestre que celle que s'étaient forgée les Juifs, puisque à Samarie, on se le représentait comme le Maître universel des hommes.

Jésus affirme catégoriquement à la Samaritaine qui lui parlait, la venue du Messie : « Je le suis, moi qui vous parle. » Sur ces mots, arrivent les disciples de retour de Sichem avec leurs provisions; ils sont tout étonnés de trouver Jésus en conversation avec cette femme. Celle-ci, d'ailleurs, transportée par la révélation qu'elle vient de recevoir, laisse là près du puits sa cruche de pierre et rentre à la ville en courant et publie partout ce qui vient de lui arriver. Jésus cependant, pressé par ses disciples de prendre de la nourriture, leur faisait entendre que la faim supérieure qui le pressait était de faire la volonté de son Père; qu'il était le moissonneur qui ne veut pas laisser passer l'heure de la moisson et perdre les épis déjà blanchis et mûris par les chaleurs. Pendant ce temps, les Samaritains, dont la curiosité avait été vivement excitée par les discours de leur compatriote, accouraient en grand nombre vers lui et le suppliaient d'entrer dans leur ville et d'y faire quelque séjour. Jésus accepta et en récompense de leur hospitalité, cette vertu si agréable à Dieu, et de la docilité de leurs cœurs, il leur laissa, en les quittant, au bout de deux jours, le don de la foi en sa manifestation messianique. Beaucoup disaient à l'heureuse messagère qui avait annoncé cet hôte divin : « Ce n'est plus à cause de ce que vous nous avez dit que nous croyons; nous-mêmes, nous avons ouï de nos oreilles et nous savons que celui-ci est vraiment le Sauveur du monde, le Messie. » Ainsi se dessinait déjà la translation de la foi qui, abandonnée des Juifs, passait aux peuples jugés par eux dignes de leur mépris.

ABANDON DE NAZARETH.

Jésus, après avoir traversé la Samarie et la plaine de Jezraël, se dirigea directement vers Cana. Il ne voulut pas retourner à Nazareth, parce qu'il savait qu'un prophète n'a pas d'ordinaire à espérer de trouver du crédit et de l'honneur dans sa patrie (Jean, IV, 43-44). Saint Matthieu (IV, 12), parlant de ce retour en Galilée, a noté pareillement que Jésus évita d'établir sa demeure à Nazareth. Saint Luc raconte par anticipation la visite qu'y fit Jésus, un jour de sabbat, la lecture et le développement de la prophétie d'Isaïe, relative au Messie (IV, 14-30).

Laissant donc Nazareth à gauche, il remonta directement vers Cana, peut-être pour y reprendre sa mère qui, demeurée seule pendant sa prédication en Judée, avait pu cohabiter avec les parents qu'elle y avait. Pendant le séjour que Jésus y fit, le bruit de son retour en Galilée se répandit aussitôt. Il n'était bruit que des merveilles opérées par Jésus à Jérusalem durant la fête.

Un officier royal de Capharnaüm avait en ce moment son fils gravement malade et en danger de mort. Immédiatement, il alla trouver Jésus et le supplia de venir avec lui et de guérir son fils. Jésus, après une observation sur cette foi intéressée qui ne veut croire que lorsqu'elle a besoin de grâces miraculeuses, céda aux instances du malheureux père

et lui dit : « Allez, votre fils vivra. » Le père crut à cette
parole qui opérait à distance et reprit le chemin de sa demeure. Avant qu'il n'arrivât, il rencontra ses serviteurs ac-
courus à sa rencontre pour lui annoncer que son fils était
guéri. Il leur demanda à quelle heure ce mieux subit s'était
manifesté, et il reconnut que la fièvre avait disparu au moment
même où Jésus l'assurait de la guérison de son fils. Il ne
fut pas ingrat; lui et toute sa maison devinrent les disciples
croyants de Jésus. Ce signe miraculeux, opéré après son retour de Judée, fut le deuxième d'après l'affirmation expresse
de saint Jean que Jésus opéra en Galilée (Joan., IV.)

PRÉDICATION. — PREMIERS DISCIPLES.

Il est permis d'inférer d'une remarque faite par ses disciples
à Jésus lors de leur séjour à Samarie, que ce fut vers la
fin de février ou le commencement de mars que le Messie
quitta la Judée pour revenir en Galilée.

Durant l'intervalle qui s'écoula entre son retour et la seconde fête de Pâque, Jésus paraît avoir eu pour objet prin-
cipal de prêcher l'Evangile et de se former un groupe de disciples.

Saint Matthieu qui, suivant sa méthode, résume en quelques mots tous les faits de cette prédication galiléenne, nous
montre Jésus enseignant dans leurs synagogues, prêchant l'E-
vangile du royaume, guérissant toutes les maladies et les infirmités au milieu de la foule. Sa renommée s'étendit à toute la
Syrie, et on lui apportait tous ceux qui étaient atteints de
maux, tourmentés par diverses maladies et infirmités, démo-
niaques, lunatiques et paralytiques. Et il les guérissait. Et il
se faisait autour de lui un concours de foules nombreuses
venues de la Galilée, de la Décapole, de Jérusalem, de la Judée et des contrées transjordaniennes.

Ce sommaire si concis de toute une partie de la vie messianique de Jésus, énoncé sans détails, sans données chronolo-

giques, est consigné ici par saint Matthieu pour servir de pro-
logue au sermon sur la Montagne (Matth., IV, 23-25.)

PREMIÈRES PRÉDICATIONS EN GALILÉE.

L'évangéliste Marc, qui s'attache davantage aux faits, nous
présente une narration plus complète. Il nous raconte que ce
fut après l'emprisonnement de Jean-Baptiste que Jésus revint
en Galilée prêcher l'Evangile du royaume de Dieu. Il nous
a conservé le thème de ses premières prédications messianiques. Jésus disait : « Le temps est accompli et le royaume de
Dieu s'est approché. Repentez-vous et croyez à l'Evangile. »
(Marc, I, 14-16.)

Saint Luc nous montre pareillement Jésus revenu en Galilée tout rempli de l'Esprit et sa renommée se répandant dans
tout le pays d'alentour. Il enseignait d'ordinaire dans les synagogues, et toutes les voix publiaient ses louanges (Luc,
IV, 14, 16 et 44.)

D'ailleurs, comme une foule nombreuse s'attachait à ses
pas, tout lieu lui devenait bon pour enseigner sa doctrine.
Un jour qu'il se promenait le long du rivage de la rive de
Tibériade, il se vit entouré par le peuple désireux d'entendre
sa parole. Il y avait là deux barques échouées sur la grève,
et les pêcheurs, descendus à terre, nettoyaient leurs filets.
Jésus monta dans l'une des barques qui appartenait à Simon,
et le pria de remettre la barque à flot et de l'éloigner de
quelques mètres du rivage. Quand ce fut fait, il s'assit sur
le banc et de là commença à parler à la foule.

VOCATION DES PREMIERS DISCIPLES.

Quand il eut fini, il dit à Pierre : « Ramez vers le large
et jetez vos filets pour la pêche. » Simon lui répondit : « Maître,
nous avons travaillé toute la nuit, et nous n'avons rien pris ;
mais, sur votre parole, je jetterai le filet. » Ils le firent, et

prirent dans les mailles une multitude de poissons, tellement
que leur filet se rompait et qu'ils firent signe à leurs cama-
rades de l'autre barque de venir leur aider. Ceux-ci vinrent, et
l'on remplit de poissons les deux barques au point qu'elles
menaçaient de couler sous la charge.

A cette vue, Simon Pierre tomba aux genoux de Jésus
(qui était resté dans sa barque) et lui dit : « Eloignez-vous
de moi, car je suis un pécheur, Seigneur. » Un effroi religieux l'avait saisi lui et tous ceux qui l'avaient aidé dans cette
pêche de poissons qu'ils avaient pris. C'étaient (avec André,
frère de Simon, dont le nom nous est donné par Marc, et dont
la présence est indiquée dans l'ordre plural de Jésus), Jacques
et Jean, les associés de Pierre.

Jésus dit à Pierre : « Ne crains rien ; à partir de cette heure,
tu seras un preneur d'hommes vivants. » D'après Marc, Jésus
dit à Pierre et à André : « Venez à ma suite et je vous
ferai devenir pêcheurs d'hommes. » Et s'adressant ensuite à
Jacques et à Jean, fils de Zébédée, qui étaient dans leur
barque, il leur fit la même invitation. Tous le suivirent à l'instant ; Luc en témoigne, comme Marc, sauf que celui-ci ajoute
que les deux fils de Zébédée, non contents d'abandonner
leurs filets et leur barque, laissèrent même leur père qui, désormais, dut pourvoir à son industrie avec l'aide de seuls
mercenaires.

Pour Marc, le fait capital de cette période de la vie du
Messie a été cette vocation de disciples désormais attachés
à sa personne et devenus les compagnons de toute sa vie.
C'est pourquoi il a placé ce fait au début de la prédication
galiléenne en le séparant de la prédication donnée du sein
de la barque et de la pêche miraculeuse, qui y furent joints
d'après saint Luc.

Pierre avait dû raconter bien des fois à Marc, son fidèle
disciple, cette vocation du Messie, qui avait fait de son apôtre le pêcheur d'hommes par excellence et le premier chef de
cette petite barque qui allait devenir l'Eglise universelle.

Marc a raconté ce fait en mettant surtout en lumière ce qui était personnel à Pierre, et en tenant moins de compte des côtés accessoires.

De la part de Jésus, cette vocation indique chez lui la prescience d'un dessein nettement arrêté, qui est d'établir une société de pêcheurs d'hommes, de maîtres d'un enseignement nouveau, ayant une mission spéciale de sauver les hommes. Elle indique chez lui la science et la pénétration des cœurs pour le choix de ceux qui seront les plus aptes par leur dévouement, leur docilité et leur fidélité à poursuivre l'œuvre qu'il commencera avec leur concours, et pour laquelle il leur assurera le don et la communication de son Esprit.

SÉANCES SABBATIQUES

Durant cette période qui précéda et suivit la seconde Pâque, Jésus donna une grande publicité à son enseignement et multiplia les signes de sa puissance miraculeuse. La foule s'enthousiasma pour lui; afin d'avoir la joie de le voir, de l'entendre de plus près, on le pressait jusqu'à la gêne. Les habitants de Capharnaüm, fiers de sa présence, voulaient retenir de force parmi eux ce nouveau concitoyen si extraordinairement puissant; mais il se déroba à leurs instances en leur disant qu'il devait aussi aller évangéliser les autres villes, car il était envoyé pour cela. C'était à Capharnaüm qu'il avait inauguré sa méthode d'enseignement, là qu'il avait manifesté avec profusion sa puissance de guérir les malades, de délivrer les corps tourmentés. Il se rendait le samedi à la réunion de la synagogue, faisait la lecture de la *Parasha* et la commentait. Il aimait, dès le principe, à choisir ce jour pour accorder ses grâces de guérisons. Les esprits étaient disposés par l'autorité de sa parole qui s'énonçait avec une puissance magistrale, souverainement autoritaire, si différente des discussions puériles et méticuleuses des rabbins.

Un jour, pendant qu'il parlait, un homme possédé d'un esprit impur, l'interrompit avec éclat en criant : « Finis; quoi de commun entre nous et toi, Jésus de Nazareth; tu es venu nous détruire; je sais qui tu es, le saint de Dieu. » Jésus lui intima cet ordre : « Tais-toi, et sors de lui. » Le démon ayant, sous la puissance d'une attaque, étendu cet homme tout de son long au milieu de la salle, le quitta sans lui faire aucun mal, au grand ébahissement de la foule des assistants qui se chuchotaient à l'oreille les uns des autres : « Quelle est donc cette parole qui commande avec empire aux esprits impurs et lui obéissent? »

C'est au sortir de cette séance sabbatique que Jésus s'en alla dans la maison de Pierre, dont il était probablement l'hôte et y trouva, à son arrivée, la belle-mère de son disciple retenue au lit par la fièvre. Il s'approcha, se pencha sur elle, lui prit la main, commanda à la fièvre; la fièvre la quitta aussitôt; elle se leva et se mit à leur servir le repas.

Le soir du même jour, vers le coucher du soleil, la maison de Pierre fut remplie de tous les malades, de tous les corps tourmentés qu'il y avait alors à Capharnaüm, et la ville entière assiégeait la porte. Jésus guérit beaucoup de ces malheureux affectés de maladies diverses, et délivra beaucoup de possédés, imposant silence aux esprits qui les torturaient et qui criaient qu'il était le Christ, le Fils de Dieu.

Le lendemain, dès le point du jour, il s'échappait seul et se retirait dans le désert pour y vaquer à la prière. Pierre et ses compagnons le rejoignirent et lui dirent que tous le peuple de Capharnaüm était à sa poursuite. Il refusa d'y rentrer et leur répliqua : « Allons dans les bourgades d'alentour, afin que j'y enseigne pareillement. Car c'est pour cela que je suis venu. Il se rendait dans les synagogues, les jours du sabbat, faisant le tour de la Galilée, prodiguant les signes de sa puissance merveilleuse, spécialement par la délivrance des possédés. (Luc, IV, 38-44.)

Chaque jour le bruit de sa renommée s'étendait de plus en

plus, les foules accouraient de toutes parts pour l'entendre, les malades pour recevoir la guérison de leurs infirmités. De temps en temps, Jésus, pour se dérober à ces importunités, se retirait dans quelque endroit désert pour y vaquer à la prière.

GALILÉE.

Cette période de la première prédication galiléenne fut pour Jésus le temps des joyeuses semailles. Les Galiléens, laborieux et honnêtes, capables de discipline et de dévouement, étaient moins travaillés que les habitants de la Judée par les rivalités d'école, les divisions de parti, le préjugé d'orgueil national. Leur territoire fertile et enchanteur, principalement sur les bords du lac de Tibériade, portait à la foi; les arbres des pays chauds et des régions tempérées, les palmiers et les pommiers aux fruits savoureux, tout en faisait, au dire de Josèphe, un second Eden. Jésus y trouva des âmes faciles à s'enthousiasmer, toutes disposées à subir l'influence de la simplicité divinement belle de ses enseignements et à se laisser gagner par la reconnaissance des bienfaits et des guérisons extraordinaires qu'il répandait à profusion autour de lui.

Les affirmations générales qu'en apportent tour à tour chacun des évangélistes, nous font voir que, même en réunissant les quatre sources différentes, nous sommes loin de posséder une histoire complète des discours et des actions de Jésus. Il y est fait allusion à des prodiges merveilleux, à de très nombreuses grâces de guérison dont nous ne possédons aucun récit détaillé.

LA VISITE A NAZARETH.

De même, il ne nous est resté aucun exemple de ces commentaires bibliques qu'il prononça dans les synagogues galiléennes sauf celui qui eut pour théâtre la synagogue de Nazareth. L'évangéliste Luc, ayant fait la remarque que Jésus, après son retour de la Judée, abandonna la résidence de cette ville, parce qu'il savait les esprits mal disposés à son égard, selon le proverbe que l'on n'est pas prophète dans son pays, raconte immédiatement pour justifier la prescience de Jésus, et par une liaison d'idées facile à saisir, la visite que fit postérieurement le Messie à sa synagogue. L'évangéliste nous avertit lui-même que ce récit est donné par anticipation et non pas à sa place chronologique, puisqu'il y est fait allusion aux merveilles opérées par Jésus à Capharnaüm, qui ne sont racontées que postérieurement.

Ce document est donc d'autant plus précieux qu'il est unique dans son genre. Jésus se trouvant le samedi à Nazareth, se rendit, comme le faisait tout Juif pieux et fidèle à la loi, à la réunion de la synagogue. Après le chant des psaumes, on faisait, selon la liturgie alors adoptée, une lecture publique d'un passage du Pentateuque ou des Livres des Prophètes. Ces livres avaient été divisés par tranches comme les Evangiles et les Epîtres de l'Eglise catholique, sous le nom de Pharashos et de Ptaptaroth, de façon à en faire repasser sous les yeux les parties principales dans le cours d'une année, et chaque réunion sabbatique avait son texte ainsi désigné d'avance. Cette coutume explique comment la science de la loi était généralement répandue chez les Juifs, de même que la connaissance des Evangiles et des écrits apostoliques reste commune chez les chrétiens qui assistent aux solennités publiques du culte.

Lorsque le chant des Psaumes fut terminé, et que le chef de la synagogue eut respectueusement pris derrière le voile le rouleau de la Loi, Jésus se leva et le reçut pour la lecture. Le passage affecté à la réunion de ce jour, tiré du livre du prophète Isaïe, était le suivant : « L'Esprit de Jéhovah est sur moi, à cause de quoi il m'a oint pour évangéliser les pauvres, il m'a envoyé pour guérir ceux qui avaient le cœur brisé, pour annoncer aux captifs la délivrance, aux aveugles le recouvrement de la vue, rétablir les blessés dans le repos, pour publier l'année de la visite de Jéhovah. » Il ferma le livre et le rendit au ministre. Tous les yeux des assistants étaient fixés sur lui. Il commença de commenter le texte ainsi qu'il suit : « Aujourd'hui cette écriture a été accomplie dans tout ce que vous venez d'entendre (dans vos oreilles).

C'était un émerveillement général et progressif à mesure qu'il poursuivait son développement, avec des paroles qui coulaient de ses lèvres avec un charme inexprimable. Les Nazaréens se répétaient les uns aux autres : « Celui-ci n'est-il pas le fils de Joseph ? »

Jésus continua en apostrophant ses auditeurs : « Vous me rappellerez cette parabole : Médecin, guéris-toi toi-même. » « Combien, d'après le bruit de la renommée, n'avez-vous pas opéré de prodiges à Capharnaüm ? Faites-en donc aussi ici, dans votre patrie ! » « M'appuyant sur l'expérience des faits, je vous dis : « Il y avait beaucoup de veuves en Israël, durant la vie d'Elie. Elie ne fut envoyé vers aucune d'elles, mais seulement vers une veuve de Sarepta, au pays de Sidon. Il y avait beaucoup de lépreux en Israël durant la vie du prophète Elisée; aucun d'eux ne fut purifié, si ce n'est Naaman le Syrien. »

En entendant cette allusion, les Juifs présents à la synagogue se laissèrent emporter par un mouvement de colère. Ils poussèrent avec violence Jésus au dehors et essayèrent de l'entraîner jusque sur le sommet abrupt du mont sur le penchant duquel était bâtie Nazareth, avec l'intention de le jeter d'en haut dans ce précipice. Jésus se retira du milieu d'eux et s'en alla.

Voilà donc quelle était la méthode de l'enseignement biblique de Jésus : il choisissait les passages qui avaient rapport au Messie, — ils étaient nombreux, car on les avait choisis de préférence, — et il en faisait l'application à lui-même. Il se posait et se déclarait ouvertement comme le Messie promis et annoncé. Pour conclusion de ses enseignements, il ne se contentait pas d'une admiration plus ou moins curieuse sur son talent de lecteur ou d'interprète; il voulait qu'on crût en lui, qu'on ajoutât foi à sa parole; les grâces merveilleuses de son pouvoir de thaumaturge bienfaisant ne pouvaient être accordées qu'à cette condition. S'il trouvait chez ses concitoyens des esprits prévenus, des cœurs méprisants et ingrats, il les laisserait, et des étrangers, des païens viendraient à lui qui, par leur foi et leur confiance, sauraient mériter ses miracles.

LE LÉPREUX.

Les étrangers, les impurs séparés par la loi, seront reçus par lui, il n'écartera personne par préjugé et parti pris. Un jour qu'il se rendait, vers la même époque, dans l'une des villes galiléennes, un lépreux apprenant que Jésus passait, s'élança tout d'un coup de sa retraite, vint se jeter la face contre terre aux pieds du Fils de l'homme et le supplia en ces termes : « Seigneur, si vous voulez, vous pouvez me purifier. » Jésus tendant la main au milieu de l'étonnement et de l'épouvante de tous ceux qui l'accompagnaient, toucha cet être impur et réputé immonde, à qui tout contact avec ses semblables était interdit sous peine de mort, et il dit :« Je veux, sois purifié. » A l'instant même, la lèpre disparut de son corps.

Jésus lui commanda de ne le dire à personne, mais : « Va, lui dit-il, te montrer au prêtre et fais l'offrande pour ta purification, ainsi que l'a ordonné Moïse, pour leur servir de témoignage. »

Le lépreux ne put taire son bonheur ni le nom de son bienfaiteur; il le publiait partout; il en résultait un redoublement d'empressement des foules vers Jésus qui, pour se soustraire à ces démonstrations excessives, renonça pour un temps à se montrer dans les villes. Il se retirait dans des régions désertes et solitaires (Luc, V, 15-17) et y passait ses jours dans la prière.

Mais la foule l'y poursuivit et vint l'y trouver de tous côtés.
(Marc, I, 40-45.)

ENSEIGNEMENT DE JÉSUS.

Ce fut vers ce temps que Jésus dut faire son second pèlerinage à Jérusalem pour la fête des Juifs, comme s'exprime
l'évangéliste saint Jean; ce mot de fête, employé sans autre
déterminatif, indiquait tout spécialement dans son style la
Pâque.

Jésus, comme il le dira lui-même devant le tribunal de ses
juges, ou plutôt de ses bourreaux, n'est pas le maître des
disciplines secrètes et cachées. Il ne fonde point de cercle
mystérieux, ne connaît pas, comme la plupart des chefs d'é-
coles philosophiques, les longues initiations, les silences laborieux, les épreuves pénibles, tous ces assujettissements despo-
tiques auxquels ceux-ci soumettaient leurs élèves afin d'enchaîner et de soumettre leurs esprits aveuglément à leur direction.

Jésus se place, dès le principe de sa manifestation messianique, dans sa fonction de maître des enseignements du
salut pour l'humanité. Jamais maître n'eut un enseignement
d'un accès aussi facile, aussi gratuit. Il s'adresse à tous indis-
tinctement, il donne à tous sa parole sans leur rien demander,
sauf à ceux qui veulent devenir ses disciples, de croire en lui.
Ceux-là seront sauvés, auront la vie. Les incrédules seront
jetés dans les ténèbres extérieures où il y a les pleurs et les
grincements de dents.

Jamais aucun maître n'a été plus respectueux de la liberté
de ses auditeurs. Il ne menace pas ceux qui l'écoutent de façon
à les effrayer, à les étourdir et à les jeter tremblant et hal-
lucinés sous son joug; il laisse s'écarter sans rien dire ceux
qui, trouvant ses enseignements trop difficiles à croire, le
quittent et s'en vont.

Tous ses miracles mêmes ont un caractère de bonté, de

tendresse, de bienveillance humaine; tous ces malades, ces infirmes, ces possédés, qui accourent à lui, sur la renommée de sa puissance merveilleuse, sont des pères malheureux qui émeuvent son cœur, le plus tendre à la misère des hommes, qui ait jamais battu sur la terre. C'est pour sécher les larmes d'un père, d'une mère, de ses amis, qu'il ressuscite des morts.

Jamais il ne consentira à se servir de sa puissance pour stupéfier les esprits, épouvanter les cœurs par la production de phénomènes cosmiques extraordinaires ou effrayants, par l'apparition de signes dans le ciel que lui demandaient des Pharisiens aussi sots qu'incrédules.

C'est dans la pleine tranquillité de leur intelligence, dans le calme paisible de leur cœur, que Jésus veut conquérir ses disciples. Il pourra les solliciter doucement par les invitations lumineuses de sa parole, les attirer affectueusement par toutes les caresses de sa bonté, mais jamais rien ne se montrera dans son action sur les âmes qui approche de la violence.

Comme son enseignement est aussi public que gratuit et s'adresse d'abord universellement aux Juifs sans aucune exception, il va d'abord le faire connaître à Jérusalem, où siégeait le Tribunal qui avait la mission de veiller au maintien de la pureté de la doctrine. Il y eut là, durant cette première Pâque, des allocutions de Jésus à la foule, dont le texte ne nous a pas été conservé, une série de signes miraculeux faits en confirmation de sa parole, dont le souvenir ne nous est parvenu que résumé dans deux ou trois mots. (Joan., II, 23.)

LE PARALYTIQUE DE BETHESDA.

Nous ne connaissons de cette partie de la première manifestation de Jésus à Jérusalem, que sa conférence avec l'un des chefs du Sanhédrin, le très politique et peu courageux Nicodème. Nous l'avons étudié précédemment.

Le récit du séjour de Jésus à Jérusalem durant la seconde Pâque depuis sa manifestation messianique est aussi fort court, et se borne à la mention d'un miracle qu'il y opéra et de la discussion qui en résulta avec les Pharisiens.

Jésus passant un jour devant la piscine de Bethesda, vit sous les portiques une multitude d'infirmes, d'estropiés de tout genre dont chacun avait les yeux fixés sur la nappe d'eau, attendant qu'il s'y produisît une sorte de bouillonnement particulier qui s'y manifestait à certains intervalles. La croyance des Juifs était qu'un ange du ciel communiquait dans ce moment à ces eaux une vertu curative spéciale, et le premier qui s'y jetait en sortait toujours guéri, quelle que fût la nature de son mal.

A l'heure où Jésus passait, l'eau était calme. Parmi ces malheureux qui attendaient avec une inquiétude anxieuse, Jésus en remarqua un qui était infirme depuis trente-huit ans. Jésus savait qu'il y avait longtemps qu'il était là couché sur son grabat, attendant l'occasion de se jeter dans la piscine afin d'y retrouver la santé. Jésus l'interpella et lui dit : « Veux-tu recouvrer la santé ? » Il faut remarquer que le procédé suivant lequel Jésus opère ses miracles à Jérusalem est tout particulier. En Galilée, on voit toujours les malades, les infirmes, prendre l'initiative, soit par eux, soit par leurs proches. Jésus veut être prié d'accorder ses grâces, et à ceux qui le prient, il demande préalablement, presque sans exception, l'affirmation de leur foi en sa personne et en sa puissance.

A Jérusalem, tout au contraire, Jésus prend l'initiative de ses miracles, choisit ses sujets à leur insu, leur offre de lui-même la guérison sans conditions aucunes ; il fera au paralytique comme il fera plus tard à l'aveugle-né. Dans les deux cas, les infirmes sont publiquement connus, affectés de maux les plus incurables. Celui-là est paralysé, sans mouvement, couché sur un grabat depuis trente-huit ans ; celui-ci sera un aveugle de naissance, condamné par sa terrible infirmité à mendier publiquement sa vie. Ces deux miracles amènent des discussions avec les Pharisiens et les Docteurs de la loi ;

le dernier même, une enquête officielle devant le Sanhédrin, suprême tribunal juif. Ils deviennent donc des témoignages publics de la personnalité du Messie; ils se produisent en confirmation de son enseignement et de sa puissance surhumaine de Fils de Dieu.

Mais revenons à notre paralytique de la piscine de Bethesda. Surpris de l'interrogation que lui fait Jésus, il regarde ce pèlerin qu'il ne connaît pas, dont il n'attend rien et lui répond qu'il n'a pas d'homme pour le jeter dans la piscine, au moment propice. Pendant qu'il se traîne pour y arriver, un autre moins infirme le prévient toujours et le devance. Jésus lui dit : « Lève-toi, prends ton grabat et marche. » Aussitôt cet homme recouvra la santé, il prit son grabat et s'en alla. Or ceci se passait le jour du sabbat, en pleine place publique de Jérusalem, probablement même durant le grand sabbat de la Pâque.

Bientôt ce violateur de la loi, qui portait un fardeau à pareil jour, est entouré, interpellé, un attroupement se forme, on dit à l'homme : « Il ne t'est pas permis de porter ton grabat. » Il répondit : « Celui qui m'a guéri m'a dit : « Prends ton grabat et marche. » « Quel est le nom de celui-là? » lui cria-t-on. Il ne put le dire, car il ne le connaissait pas, et aussitôt après l'avoir guéri, Jésus s'était éclipsé.

Un peu plus tard, Jésus le rencontra dans les parvis du temple et lui dit : « Voici que tu es guéri, mais ne pèche plus de peur de retomber dans une situation pire que la première. »

Alors cet homme alla trouver les Juifs et leur dit que c'était Jésus qui lui avait rendu la santé. Déjà mal disposés à l'égard du thaumaturge, les Pharisiens prirent occasion de ce fait pour justifier et exciter plus aveuglément leur haine contre Jésus. Dès ce moment, ils opinaient que sa mort seule pouvait expier ces violations du sabbat dont il était l'auteur et le conseiller.

Jésus alla droit à ses ennemis et répondit à leurs accusations

et à leurs sentiments intimes par les explications suivantes :
« Mon Père continue d'opérer et moi aussi j'opère. »

Cette affirmation ne fit qu'enflammer davantage la haine des
Juifs et exciter leur intention de lapider Jésus, qui ne se con-
tentait plus de violer le sabbat, mais qui, par des affirmations
dont la clarté ne pouvait leur échapper, prétendait faire de
Dieu son Père au sens positif et précis du mot ($\pi \alpha \tau \varepsilon \rho \alpha \iota \delta \iota o \nu \Theta \varepsilon o \nu$)
Il s'affirmait ainsi l'égal de Dieu lui-même.

Jésus leur répliqua, et, loin d'atténuer ses précédentes as-
sertions, il ne fit que les corroborer et les préciser avec une
force plus grande. « En vérité, je vous le dis, le Fils ne
peut rien faire de lui-même s'il ne voit que le Père le fait
dans le même temps, car quelque chose que celui-ci fasse,
le Fils le fait pareillement. Le Père chérit le Fils et lui montre
chacune des actions qu'il doit faire ; et il lui manifestera des
actions à accomplir plus grandes que celles que vous venez
de voir, de façon que vous en serez dans l'étonnement.

» Car ainsi que le Père ressuscite les morts et les vivifie,
de même le Fils vivifie qui il veut. Même le Père ne juge
personne, mais il a donné tout jugement au Fils, afin que
tous les hommes honorent le Fils comme ils honorent le Père ;
quiconque n'honore pas le Fils, n'honore pas non plus le Père
qui l'a envoyé.

» En vérité ,en vérité, je vous le dis, voici que vient l'heure
et elle est présentement arrivée, où les morts entendront la
voix du Fils de Dieu, et ceux qui l'entendront, vivront.

2ᵉ PAQUE. — LE SANHÉDRIN ET JÉSUS.

» Car ainsi que le Père a la vie en lui-même, ainsi il a
donné au Fils d'avoir la vie en lui-même. Et il lui a donné
le pouvoir de faire le jugement en raison de ce qu'il est Fils
de l'homme. Ne soyez pas surpris de ceci : c'est que voici
venir l'heure où tous ceux qui sont dans les tombeaux entendront sa voix. Et l'on verra s'avancer ceux qui ont fait le

bien vers la résurrection de vie, et ceux qui ont fait le mal vers la résurrection de jugement.

» Je ne puis rien faire de moi-même ; selon ce que j'entends, je juge, et mon jugement est juste, parce que je ne cherche pas ma volonté, mais la volonté « du Père qui m'a envoyé. »

Ainsi Jésus s'attribue, en qualité de Fils de Dieu, la fonction d'être le Juge universel des vivants et des morts. Il revendique comme une qualité qui lui revient de droit cette puissance suprême, cette autorité triomphante qui courbera aux pieds du Messie l'univers entier.

Et aussitôt, sans attendre qu'on la lui pose, il répond à la sourde objection des Juifs qui se disaient au fond d'eux-mêmes : « Mais quels témoignages nous apporte-t-il de ses affirmations, quelles preuves de ses fonctions et de sa toute-puissance messianique ? »

« Si je témoigne en ma propre cause, dit-il, mon témoignage n'est pas suffisant à établir la certitude. Mais il en est un autre qui témoigne sur mon compte, et je sais que véridique est le témoignage qu'il a porté à mon sujet. Vous avez envoyé des délégués auprès de Jean, et il a rendu témoignage à la vérité. Quant à moi, je n'ai pas besoin de recevoir le témoignage de l'homme, mais je vous dis ces choses afin que vous soyez sauvés. Celui-ci était une lampe ardente et lumineuse ; vous avez voulu vous réjouir un moment à sa lumière. Quant à moi, j'ai un témoignage plus grand que celui de Jean ; car les œuvres que mon père m'a donné d'accomplir, ces œuvres-là, que je fais, rendent ce témoignage que c'est le Père qui m'a envoyé. Et le Père qui m'a envoyé a aussi rendu témoignage à ma personne ; vous n'avez jamais entendu sa voix, ni vu son visage ; vous n'avez pas non plus son logos demeurant en vous, parce qu'en celui qu'il a envoyé vous ne voulez pas croire.

» Explorez les Ecritures, puisque vous croyez trouver en elles la vie éternelle ; elles aussi témoignent en ma faveur. Cependant vous ne voulez pas venir vers moi afin d'avoir la vie. Je ne cherche pas la gloire qui vient des hommes. Mais je vous connais, je sais que vous n'avez pas l'amour de Dieu en vous. Moi, je suis venu au nom de mon Père, et vous ne me recevez pas ; s'il en surgit un autre en mon nom personnel, vous l'accueillerez. Comment pouvez-vous croire, vous qui ne courez qu'après le bruit des louanges réciproques, et qui ne cherchez pas la gloire qui vient du Dieu unique !

» Ne vous imaginez pas que c'est moi qui vous accuserai devant mon Père ; il est un accusateur contre vous, Moïse, en qui vous avez mis votre confiance. Si vous croyiez à Moïse, vous croiriez en moi, car Moïse a écrit de moi. Mais si vous ne croyez pas aux récits de Moïse, comment pouvez-vous croire à mes paroles ! » (Jean, V.)

La méthode d'enseignement de Jésus auprès des Juifs est parfaitement claire, nette et sans obscurité ni dissimulation aucune. Il leur déclare qu'il est le Messie, qu'il est Fils de Dieu, venu d'abord pour les guérir, pour les sauver, et, en second lieu, pour les ressusciter et les juger. Moïse, les Ecritures, Jean-Baptiste, son Père lui-même par les œuvres miraculeuses qu'il lui donne d'accomplir, lui rendent un irréfragable témoignage ; par conséquent quiconque ne voudra pas croire en lui, à son enseignement, à sa doctrine, par un assentiment absolu de l'intelligence à sa parole autorisée et véridique, sera inexcusable. Car on peut être excusé de ne pas comprendre, puisque l'évidence ne peut se commander. On ne peut pas être excusé de ne pas croire quand le Maître a démontré l'authenticité de sa fonction, la puissance qu'il a reçue d'instruire et d'enseigner, et son autorité sur les disciples obligés de son cours et de ses leçons.

Qui veut être sauvé qu'il vienne à cette école ; non pour s'y voir poser des problèmes dont il lui sera loisible de discuter les données et de chercher ou négliger la solution, mais pour y recevoir des formules de vie qu'il devra appliquer et faire passer avec docilité dans la pratique de la vie. Jésus est le divin médecin de l'humanité, ses paroles sont des or-

donnances de salut; il n'est pas nécessaire d'en comprendre
toutes les raisons lointaines et mystérieuses, mais il les faut
mettre littéralement en pratique, sous peine de périr et d'être
jeté dans les ténèbres extérieures où sont les pleurs et les
grincements de dents.

2ᵉ PAQUE. — LE SANHÉDRIN ET JÉSUS.
RETOUR EN GALILÉE.

Après cette seconde manifestation à Jérusalem, Jésus retourna immédiatement en Galilée avec les pèlerins de cette
contrée. Ce fut environ dans ce temps qu'il appela le publicain
Lévi, autrement appelé Matthieu, au nombre de ses disciples. Lévi quitta aussitôt son bureau de percepteur de l'im-
pôt pour suivre Jésus. Mais, avant de le suivre, Lévi voulut
faire au Maître une magnifique réception dans sa maison, et,
parmi ses nombreux invités, l'on comptait plusieurs de ses
collègues, publicains comme lui.

Les scribes et les Pharisiens en prirent occasion de murmurer et de dire à ses disciples: « Pourquoi mangez-vous et
buvez-vous avec des pécheurs? » C'était un moyen de décrier
leur Maître auprès d'eux et de leur inspirer des soupçons
contre lui et des pensées de défection.

Ce fut Jésus lui-même qui leur répondit : « Ce ne sont
pas, leur dit-il, ceux qui se portent bien qui ont besoin de
médecin, mais ceux qui sont malades. Je suis venu pour
appeler, non pas les justes, mais les pécheurs, à la pénitence. »
La condition indispensable, chez l'homme, pour parvenir au
salut, est d'avoir la conscience de son infirmité et de sa
misère. Avec sa prudence infaillible, Jésus, en choisissant
Matthieu, un clerc de ce temps, habitué à tenir la plume, préparait à son Eglise le premier de ses historiographes.

Battus sur ce point, ils attaquèrent Jésus sur ce qu'il n'exi-
geait pas de ses disciples les pratiques d'abstinence et les longues prières familières aux disciples de Jean-Baptiste. Jésus

leur fit comprendre par les comparaisons du temps des ré-
jouissances consacrées aux noces de l'époux, du morceau neuf
cousu à une vieille tunique, du vin nouveau versé dans de
vieilles outres, de la dégustation du vin vieux et du vin neuf,
qu'à un ordre de choses nouveau, il convenait d'accorder des
coutumes nouvelles.

Quelque temps après, un jour de sabbat, les disciples de
Jésus passant avec lui le long d'un champ d'épis mûrs, en
froissèrent quelques-uns entre leurs mains pour les manger.
Dans la suite de Jésus se trouvaient quelques Pharisiens.
Froisser des épis, c'était pour eux un travail interdit le jour
du sabbat. Ils gourmandèrent donc les disciples et leur dirent : « Pourquoi faites-vous ce qu'il n'est pas permis de faire
les jours de sabbat? »

Ce fut encore Jésus qui répondit :

« N'avez-vous pas lu ce que fit David? Comment, un jour,
pressé par la faim, lui et ses compagnons, il entra dans le
temple de Dieu, prit les pains de proposition, en mangea et
en fit manger à ses hommes, bien que ces pains fussent exclusivement réservés à la nourriture des prêtres. » Et il ajouta
que le Fils de l'homme était le Maître même du sabbat; et
par conséquent Législateur suprême et absolu, ayant le droit
de modifier même les observances religieuses réputées les
plus inviolables.

L'un des sabbats suivants, Jésus, rentré à Capharnaüm,
se rendit, selon son usage, à l'office de la synagogue; il prit
la parole pour exposer ses enseignements. Il avait remarqué
parmi les assistants un homme dont la main paralysée était
desséchée. Il le fit sortir des rangs, le mit en évidence au
milieu de la salle, et en prit occasion de faire aux Pharisiens cette question : « Qu'y a-t-il de permis le jour du sabbat? Peut-on y exercer des œuvres de bienfaisance, ou seulement des œuvres d'iniquité? Peut-on y sauver les âmes ou
les laisser perdre? » Il jeta un regard interrogateur sur tous
les assistants qui se taisaient, puis il dit à l'homme : « Etends

ta main. » Il le fit aussitôt et sa main malade redevint aussi saine que l'autre.

LUTTES DE JÉSUS CONTRE LES PHARISIENS.

Les Pharisiens, loin de se rendre à l'argument de ce miracle, ne firent que s'endurcir dans leur aveuglement, et ils délibéraient entre eux sur ce qu'ils pourraient bien faire à Jésus. Ils firent même, dès ce jour, un complot avec les Hérodiens afin de le supprimer.

La trame criminelle qui avait réussi contre Jean-Baptiste se reformait ainsi contre Jésus. (Marc et Luc.)

Jésus, de son côté, essayait, par ces actes et les applications qui en étaient la conséquence, d'arracher le peuple à l'influence tyrannique des Pharisiens, au joug des observances excessives, outrées et ridiculement formalistes qu'ils faisaient peser sur lui. Il attaquait cette domination pharisaïque dans ce qui était le nœud même et le centre de tout le système : l'observance superstitieuse du sabbat ; il en démontrait le côté inhumain, puisque cette outrance pharisaïque, loin de porter les hommes à l'amour véritable et intérieur de Dieu et du prochain, arrivait à interdire, le jour du sabbat, même les œuvres de bienfaisance et de charité, d'assistance et de soulagement à l'égard des faibles et des malades.

La mission messianique de Jésus à l'égard de la masse du peuple, ne pouvait réussir si cette domination de la direction pharisaïque sur les esprits n'était brisée. Voilà pourquoi Jésus dès que son influence sur ses compatriotes de Galilée est suffisamment affermie, entreprend cette œuvre de délivrance de l'âme populaire, choisissant de préférence le jour du sabbat pour opérer ses guérisons, démasquant les conséquences inhumaines et cruelles des fausses traditions, mises à la place de la loi véritable, de manière à ajouter à l'autorité de sa parole, la confirmation de la puissance même de Dieu par l'éclat des signes miraculeux.

Il poursuivra cette lutte jusqu'à l'heure de son arrestation, d'abord avec une infatigable bienveillance, il accueillera les Pharisiens ou leurs comparses qui le viendront trouver, même lorsqu'il percera à fond, sous leurs airs patelins et leurs phrases doucereuses, leurs projets haineux et homicides. Il recevra leurs objections, écoutera leurs questions, y répondra avec un calme imperturbable, une merveilleuse clarté. A leurs calomnies lâches, à leurs insinuations déshonorantes, destinées à le diffamer dans l'opinion des foules accourues pour l'écouter, lorsqu'ils l'appelleront Samaritain, possédé du démon, un lieutenant de Belzébuth, il opposera un calme et une tranquillité surhumaine, et brisera, par quelques sentences d'irréfutable logique, le réseau de malice où ils essayaient de le prendre et de l'enfermer.

Ce ne sera que tout à fait à la fin, durant la semaine précédant son supplice, lorsque la rébellion des Princes des prêtres, des scribes et des Pharisiens contre son autorité messianique sera devenue irréductible, lorsque leurs projets homicides auront été définitivement arrêtés, que Jésus, entrant, pour ainsi dire, par anticipation, dans sa seconde fonction messianique, celle de Juge suprême, fera éclater contre eux ses accusations véhémentes et terribles, énoncera les sentences de l'irrévocable et terrible châtiment.

LA VOCATION DES APOTRES.

En attendant, Jésus, conscient, dès la première heure de sa manifestation publique, du sort que lui réserve la haine des Pharisiens, sachant qu'il n'a qu'un temps limité pour jeter les fondements du royaume messianique universel qu'il est venu fonder, réunir et s'attacher, par la croyance en sa personne de Messie et de Fils de Dieu, les premiers fidèles de ce royaume, instruire et former les ouvriers qui seront chargés de continuer son œuvre après son supplice et sa résurrection, se donne tout entier à l'exécution de ce plan immense.

Un assez grand nombre de disciples s'étaient déjà réunis autour de lui et le suivaient. Un jour, il les conduisit sur une des hauteurs qui avoisinaient le lac de Tibériade, et, le soir venu, s'écarta un peu d'eux et se retira dans un lieu solitaire pour y passer la nuit en prière.

Au point du jour, il rappela ses disciples et choisit douze d'entre eux, qu'il appela ses apôtres. Le nom qu'il leur donnait prophétisait, dès le moment même de l'élection, le rôle et la fonction qu'il leur destinait. Ils seraient ses envoyés, ses ambassadeurs.

Il redescendait ensuite avec eux vers les rives du lac, lorsque, sur les dernières pentes de ces collines, sur un plateau large et ouvert qui formait une petite plaine, il rencontra une foule de peuple venue de toute la Judée, de Jérusalem et des rivages de Tyr et de Sidon pour l'entendre et lui présenter des malades et des infirmes à guérir. Les malades et les possédés par les esprits impurs furent guéris, et la foule entière s'écrasait pour approcher de lui et le toucher, « parce qu'une puissance sortait de lui et les guérissait tous. »

LE SERMON SUR LA MONTAGNE

Ce fut à cette foule émue par sa sublime bonté, enthousiasmée par la vue des merveilles opérées en sa faveur, croyante à sa parole, que le Messie révéla les enseignements de salut et de vie qu'il était venu apporter au monde, le code de sublime morale qui allait, à partir de cette heure, devenir la loi irréformable du royaume de Dieu.

Ils jaillirent publiquement, à haute voix, sous la splendeur des cieux, des lèvres de Jésus, ils furent livrés à des centaines d'auditeurs, afin que, sous le poids de tant de témoignages, il fût impossible de prétendre qu'aucune plume particulière en avait inventé ou corrompu la substance, et que, même écrits plus tard, ils fussent encore davantage vivants dans les souvenirs de ceux qui les avaient entendus.

La doctrine de Jésus, le code de lois morales qu'il impose dès lors à la foi de ses disciples, auquel il les oblige à conformer tous les actes de leur vie, est en opposition, en contradiction formelle avec les doctrines et la direction des Pharisiens.

A leur avare cupidité, à leur amour pour les banquets et la bonne chère, à leur dureté, à leur jalousie de domination pour laquelle ils sacrifiaient les droits de la justice, à leur insensibilité même vis-à-vis de leurs parents et de leurs proches, à leur recherche exclusive de la pureté extérieure et légale, à leur goût pour les intrigues qui divisent, il oppose, en les proclamant dans un langage jusqu'alors inouï, les béatitudes de la pauvreté, de la souffrance et des larmes, de la passion, de la justice, jusqu'à supporter pour elle toutes les persécutions et les opprobres; les béatitudes de la miséricorde charitable, de la pureté du cœur, des amis de la paix et de la conciliation. Ainsi il entend rappeler les esprits à la véritable et intime observation de la Loi, il veut promouvoir dans les âmes l'élan vers la poursuite d'une justice supérieure à cette prétendue justice des Pharisiens et des scribes, trop hypocrite et trop fausse pour leur donner entrée dans le royaume des Cieux.

Il promulgue la loi de charité paternelle qui défend, non seulement le meurtre, mais le sentiment de colère réfléchie et de haine. Il en étend l'obligation par delà ceux de sa parenté et de sa race, à tous les hommes sans distinction et aux ennemis eux-mêmes. Pour cela, Jésus veut que l'on s'abstienne de juger son semblable, et il condamne ces hypocrites toujours empressés de reprendre les fautes les plus vénielles de leurs frères, et qui s'aveuglent eux-mêmes pour n'avoir pas à considérer leurs propres crimes. Il formule la loi de réciprocité : Ne faites pas à autrui ce que vous ne voulez pas qu'on vous fasse à vous-même. Jésus promulgue la loi de la pureté d'intention, interdit de faire des actions pour les regards des hommes et en vue d'obtenir d'eux la gloire, la considération et la fortune. Il commande de n'agir qu'en vue de Dieu, autant que possible avec discrétion et dans le secret, afin d'obtenir la juste récompense de ses efforts du Père qui est dans les Cieux.

Il faut donc que, non seulement les œuvres et les organes extérieurs soient purs, il importe que le cœur et les plus intimes pensées le soient plus soigneusement encore, car le Père des Cieux voit jusqu'au plus intime de notre être.

La pensée mauvaise recherchée et consentie est coupable, au jugement de son tribunal, en l'absence même de la consommation de l'acte.

Jésus prend occasion de cette doctrine pour rétablir, selon l'ordonnance primitive, l'indissolubilité du mariage, dont les Pharisiens, entraînés par la corruption des mœurs, avaient fait un contrat fragile, brisé par tous les caprices de la passion ou le changement volage des humeurs.

A toutes ces formules de serments que les Pharisiens avaient multipliées, au mépris de Dieu et de son temple, pour échapper, eux et leurs adeptes, aux devoirs et aux dépenses de l'assistance de leurs propres parents; afin de multiplier, pour le bénéfice du Trésor, les offrandes et les dons qui profitaient à leurs entreprises et aidaient à la propagande de leur influence, Jésus oppose la loi de la loyauté s'affirmant tout uniment par une simple affirmation, un oui ou un non.

Contre l'ostentation des prières pharisaïques et la récitation chantante de formules déterminées, Jésus recommande la pratique de la prière secrète dans l'intimité du foyer, dont le Père des Cieux sera le seul témoin et dont il assurera seul la récompense. Le Messie donne lui-même la formule de cette prière simple et à la fois si naïvement claire, que le petit enfant la comprend et que le plus haut génie la répète, sans en épuiser le sens d'une extension infinie.

Il condamne les jeûnes pharisaïques que l'on étale en public et que l'on annonce pour ainsi dire par les rues, en y promenant un masque sale et négligé. Le jeûne doit être offert dans l'intimité du secret, à la justice du Père, et dissimulé aux hommes.

Si vous sortez, durant votre jeûne, votre visage peigné et lavé, frais et d'aspect joyeux n'en révélera rien et vous gardera devant Dieu tout votre mérite.

Enfin, Jésus, à l'encontre de l'avarice des Pharisiens, l'incurable plaie de ces tristes docteurs et de leurs nombreux disciples, promulgue la loi du désintéressement chrétien, la défense de thésauriser; il invite ses disciples à chercher pardessus tout à se faire un trésor dans les Cieux.

Les soucis de la nourriture et du vêtement ne doivent jamais troubler leur âme et lui enlever sa paix. Il leur donne en exemple les oiseaux du ciel, qui ne sèment point et que leur Père du Ciel nourrit, les lis des champs qui ne filent point et que Dieu revêt d'une robe de couleurs plus éclatantes que n'en porta jamais Salomon. Les disciples de Jésus devront, avant tout, chercher le royaume de Dieu et sa justice, et le reste leur sera donné par surcroît. Leurs efforts, leur grande préoccupation serait d'entrer par la voie étroite qui conduit à la vie, sans se laisser détourner par l'entraînement de la multitude qui, par la voie large des portiques spacieux, descend vers l'abîme de la mort.

Enfin Jésus donne à ses disciples la véritable mesure du jugement des hommes. Il faut juger les hommes comme les arbres, ceux-ci non sur l'apparence, l'aspect extérieur, la beauté des fleurs, mais sur la qualité des fruits; ceux-là non sur la mine et le maintien, l'éclat extérieur, les déclarations verbales, les titres pompeux, les affirmations vaniteuses, mais sur la qualité de leurs œuvres et de leurs actions. Les épines ne produisent pas de grappes, et les chardons ne portent pas de figues.

L'incomparable beauté de ce code de croyances et de morale est si évidente, elle brille d'un tel éclat, qu'en dehors même des catholiques qui en adorent l'Auteur, elle a forcé l'admiration, conquis les hommages des incrédules eux-mêmes.

Jésus est un contemplateur de la vérité, un législateur d'une brièveté lumineuse. Il n'y a ni discussion, ni efforts de raisonnement dans son procédé d'enseignement. Il enseigne magistralement avec le ton d'une suprême autorité. S'il parle de Dieu, c'est avec la précision de l'évidence; il en est le Fils, il habite chez Lui, il connaît ses intimes pensées, ses vouloirs infinis, et il les révèle avec une aisance naturelle, sans l'ombre d'une hésitation. Ses formules de morale ont déjà toute l'irréformable infaillibilité d'un jugement suprême et sans appel; et le Messie qui enseigne sur les bords du lac de Tibériade, fait déjà penser au Messie triomphateur assis sur les nuées du Ciel, qui énonce aux vivants et aux morts leur définitive et irrévocable sentence.

« Le Christ ne varie pas, il n'hésite jamais dans son enseignement, et la moindre affirmation de lui est marquée d'un cachet de simplicité et de profondeur qui captive l'ignorant et le savant pour peu qu'ils y prêtent leur attention. »

« Nulle part on ne trouve cette série de belles idées, de belles maximes morales qui défilent comme les bataillons de la milice céleste et qui produisent dans notre âme le même sentiment que l'on éprouve à considérer l'étendue infinie du ciel resplendissant, par une belle nuit d'été, de tout l'éclat des astres. »

« Une fois maître de notre esprit, l'Evangile fidèle nous aime. Dieu même est notre ami, notre père et vraiment notre Dieu. Une mère n'a pas plus de soin de l'enfant qu'elle allaite. L'âme séduite par la beauté de l'Evangile ne s'appartient plus. Dieu s'en empare tout à fait; il en dirige les pensées et toutes les facultés; elle est à lui. »

« Quelle preuve de la divinité du Christ! Avec un empire aussi absolu, il n'a qu'un seul but, l'amélioration spirituelle des individus, la pureté de la conscience, l'union à ce qui est vrai, la sainteté de l'âme[1] Quel miracle! l'âme humaine, avec toutes ses facultés, devient une annexe avec l'existence du Christ. »

Dès lors, la lutte est ouvertement engagée entre l'école de Jésus, le Messie venu restaurer toutes choses, et l'école des Pharisiens. Les Juifs sont mis en demeure de choisir : ou bien renonçant aux fausses maximes, aux cérémonies serviles des Pharisiens, ils s'attacheront au Messie venu pour sauver ce qui était perdu, croiront à sa parole et entreront avec lui dans le royaume de Dieu, qui est le royaume de la vie éternelle; ou bien, continuant de subir l'esclavage des maîtres tyranniques qui se sont emparés de la direction de leurs esprits, ils deviendront de plus en plus des êtres d'orgueilleux égoïsme, d'âpres convoitises, de puantes hypocrisies, une progéniture de serpents, une race de vipères, qui finira par être jetée dans les ténèbres extérieures, où sont les pleurs et les grincements de dents.

Durant deux ans, car le discours sur la Montagne est postérieur de quelques semaines seulement au retour de Jésus en Galilée après la seconde Pâque, cette bataille pour la domination des esprits va se poursuivre à travers les villes et les bourgades de la Galilée, le long des deux rives du Jourdain, pour se terminer en apparence, après un deuxième séjour en Judée et à Jérusalem, par la mort de Jésus sur le Calvaire, au milieu des solennités mêmes de la Pâque juive, sous les yeux de toute la nation juive et d'un nombre considérable de représentants des synagogues, dispersés, mais ramassés, semblerait-il, à Jérusalem, pour être les témoins de la sanglante et orgueilleuse victoire des Pharisiens.

LES PRÉDICATIONS ET LES MIRACLES EN GALILÉE

Durant deux années, Jésus va répéter, commenter ses

---

1. Impartial Kotisponies, Napoléon Bonaparte cité par Philippe Schaff, *The person of Christ*, 227.

enseignements du royaume de Dieu, du salut, à ses chers Galiléens, toujours empressés à accourir autour de lui. S'il entre dans une maison, on l'envahit, on se presse autour de lui de telle façon qu'il ne peut même plus manger (Marc, III,20). Sur les rives du lac, il est obligé de monter dans une barque pour pouvoir leur adresser ses enseignements (IV, 1). Le discours fini, il se fait transporter sur l'autre rive pour échapper à ces empressements (IV, 35). A peine était-il de retour sur la rive occidentale, que la foule s'amasse de nouveau autour de lui (V, 21). Au retour de la mission des Apôtres, il se retire avec eux dans le désert, parce que l'on accourait vers eux de tous côtés et qu'on ne leur laissait même pas le temps ni la possibilité de manger (VI, 31). Toute cette foule les suit dans le désert, aveuglément, sans provisions, en faisant à pied le tour du lac, et Jésus, touché de leur constance et de leur ferveur d'admiration, opère, en faveur de ces affamés le miracle de la multiplication des pains (VI, 33 et suiv.).

Plus enthousiasmé que jamais par cette puissante et merveilleuse bonté, le peuple de Galilée veut réaliser à sa façon le royaume de Dieu, et un complot s'organise pour proclamer Jésus roi. Jésus se dérobe à leur enthousiasme et leur échappe (Jean, VI, 15).

Les Galiléens apprennent que Jésus est revenu à Capharnaüm; ils parcourent le pays, ramassent ce qu'il y avait de malades, de grabataires, et viennent les lui présenter, partout où ils espéraient avoir quelque chance de le rencontrer. Où qu'il allât, dans les villages, les villes, la campagne, les marchés, ils amenaient devant lui les infirmes, le suppliant de leur permettre de toucher ne fût-ce que la frange de son manteau; et tous ceux qui avaient le bonheur de le pouvoir toucher, étaient guéris.

Même dans les régions païennes de Tyr et de Sidon, où il se retire pour s'isoler, il ne peut rester inconnu. La Chananéenne le contraint, à force de prières et dé supplications, à guérir sa fille (Marc, VIII, 24).

A son retour en Galilée, la procession des malades recommence. A son passage à travers la Décapole, on lui amène un sourd-muet (VII, 31-32). La foule recommence ses acclamations et ses applaudissements malgré toutes les défenses de Jésus : « Il a bien fait toutes choses, chantait-elle, il fait entendre les sourds et parler les muets » (VII, 37).

Une seconde fois la foule des Galiléens suit Jésus dans le désert, sans souci de la nourriture, sans provisions, entraînée par son incroyable enthousiasme. Jésus ne pouvant permettre qu'aucun de ceux qui ont mis en lui une telle confiance périsse d'inanition, renouvelle, pour la foule entière, la multiplication des sept pains. Il les quitte aussitôt pour échapper à leur bruyante reconnaissance, s'embarque avec ses apôtres et revient vers la rive occidentale.

Le jour de la Transfiguration, il avait laissé neuf de ses apôtres au pied de la montagne et n'avait pris avec lui que Pierre, Jacques et Jean. Lorsqu'il redescendit le lendemain, il trouva, rassemblée autour d'eux, une grosse foule qui, dès qu'elle l'aperçut, vint au devant de lui pour le saluer (IX, 14).

L'évangéliste saint Matthieu, selon sa méthode ordinaire, de condenser ensemble les objets de même espèce, a résumé, en quelques lignes énergiques, ces manifestations enthousiastes du peuple de Galilée. « Des foules nombreuses, écrit-il, accouraient près de lui, ayant avec eux des boiteux, des aveugles, des muets, des estropiés et divers autres malades, et les jetaient aux pieds de Jésus qui les guérissait. De sorte que les foules s'émerveillaient de voir parler les muets, se relever les infirmes, marcher les boiteux et les aveugles recouvrer la vue; et ils glorifiaient le Dieu d'Israël. »

Jésus ne cesse pas d'instruire ce peuple enthousiaste et avide d'entendre sa parole. Mais sa méthode d'enseignement n'est plus tout à fait la même. Sa parole ne se renfermait plus comme précédemment dans les synagogues où il faisait le commentaire des passages des Ecritures qu'on y lisait. A présent, c'est sur les bords du lac, durant une halte de ses courses apostoliques, à l'occasion d'un de ses miracles, ou d'une question insidieuse des Pharisiens, qu'il jette dans les esprits la semence intellectuelle ou qu'il réfute par une riposte précise, nette et concluante, la malice des Pharisiens. Il n'a plus besoin d'aller chercher des disciples dans les assemblées publiques du sabbat, puisque, outre son école apostolique qui ne le quitte plus, il a toujours, autour de lui, dès qu'il s'échappe de la retraite inconnue où il s'isole souvent, une foule d'auditeurs.

L'enseignement dans les synagogues est d'ailleurs devenu déjà difficile, sinon impossible. Une fois, Jésus entra un samedi dans une synagogue et il y prit la parole. Il y avait là, parmi les assistants, une malheureuse femme courbée en deux, depuis dix-huit ans, par une incurable infirmité. Jésus en a pitié et lui dit : « Femme, sois délivrée de ton infirmité. » Il lui impose les mains ; elle se redresse en louant Dieu. Le chef de la synagogue se mit en colère parce que Jésus avait fait cette guérison un jour de sabbat, et, s'adressant à la foule des assistants : « Il y a six jours, dit-il, pour travailler ; venez durant ces six jours pour vous faire guérir, et non le jour du sabbat. » Le Seigneur lui repartit : « Hypocrite, chacun de vous ne délie-t-il pas son bœuf ou son âne du râtelier pour aller les faire boire ; et cette fille d'Abraham, que Satan tient liée par son infirmité depuis dix-huit ans, il me serait interdit de la délivrer le jour du sabbat ! » Sa réponse fit rougir tous ses contradicteurs ; la foule, elle, se réjouissait à l'occasion des merveilles qu'il opérait (Luc, XIII, 10 et suiv.).

Quand on sait quelle discipline unissait les synagogues au sanhédrin central de Jérusalem, il est permis de voir dans ce fait l'indication d'un ordre général. Il ne pouvait d'ailleurs lui convenir d'exposer son autorité messianique aux insolentes réprimandes des chefs de synagogues ; aussi bien le fait raconté ci-dessus est-il le seul dont il soit fait mention durant cet espace de dix-huit mois.

PARABOLES.

A défaut du commentaire sur les Ecritures, Jésus adopte alors la méthode d'enseignement par les paraboles, ce genre qui lui est si familier, où il excelle d'une façon si personnelle, qu'on a pu dire qu'il en fut le créateur.

Dans ces scènes allégoriques empruntées aux spectacles de la nature, aux occupations de la vie journalière, c'est toujours du royaume de Dieu, du royaume messianique, qu'il entretient ses auditeurs.

Le royaume, c'est la parole même de Jésus semée à tous les vents, tombant sur tous les sols, perdue, étouffée, en majeure partie et ne fructifiant que dans quelques esprits bien préparés (Mat. XIII, 1 et suiv.). C'est encore la parole de Jésus semée dans un champ, et l'ennemi, le diable, survient ensuite, qui, dans le même champ, sème l'ivraie afin d'étouffer le plus possible la bonne semence. Il faut que l'une et l'autre croissent ensemble jusqu'à la moisson finale, au jour de la consommation des choses terrestres, où se fera le départ du bon grain pour les greniers du Ciel, de l'ivraie pour la fournaise de feu (*ibid.* 24).

Le royaume, c'est le grain de sénevé, minime semence, mais qui se développe avec rapidité et atteint les dimensions d'un arbuste (*ibid.* 31). Le royaume des cieux ressemble encore à quelques parcelles de ferment qui font fermenter toute une masse de pâte.

S'il veut stigmatiser les avares qui ne songent qu'à jouir et à satisfaire leur égoïsme sans entrailles, il raconte l'apologie du riche uniquement préoccupé d'agrandir ses greniers et qui meurt subitement au milieu de ses rêves (Luc, XII, 15 et suiv.).

Pour répondre aux murmures des Pharisiens de ce qu'il faisait sa société des pécheurs, il raconte, coup sur coup, les diverses paraboles de la brebis perdue, de la drachme perdue, de l'enfant prodigue (Luc, XV).

Il fait indirectement la leçon aux Pharisiens avares et jouisseurs par les paraboles de l'économe infidèle, du riche viveur et du pauvre Lazare (*ibid*, XVI).

Il fait pénétrer dans les cœurs le sentiment de la nécessité de la prière par l'apologue de la veuve et du mauvais juge (XVIII, 1 et suiv.).

Il terrasse les orgueilleux par la parabole du Pharisien et du publicain (*ibid*. XVIII, 91 et suiv.).

A la veille d'entrer à Jérusalem, à ses disciples, à la foule qui s'impatiente de ne pas voir se manifester le royaume terrestre du Messie, ce rêve apocalyptique, dont tous les cerveaux juifs sont hantés, Jésus répond par la parabole du roi qui s'en va dans un pays lointain et confie, à son départ, des talents de chiffre différents à faire valoir par ses serviteurs (XIX, 11 et suiv.).

Cette méthode d'enseignement, grâce à laquelle Jésus cache sous le voile de l'apologue, des vérités qu'il ne juge pas à propos d'émettre encore d'une façon didactique et dans leur pleine lumière, n'est cependant pas exclusive. Maintes fois Jésus enseigne, dans les formes ordinaires, d'importantes vérités, qui doivent entrer dans le corps de sa doctrine. Ainsi, après la multiplication des cinq pains, il expose, dans le magnifique discours du chapitre VI de l'Evangile de saint Jean, la doctrine de la foi au Messie et de la vie apportée du ciel aux hommes qui recevront cette foi et en consommeront l'acte en mangeant sa chair et en buvant son sang. Car il déclare qu'il leur laissera sa chair et son sang, comme l'aliment nécessaire de la vie éternelle qu'il est venu leur apporter au nom de son Père. La vie que Dieu possède en lui, la vie que le Fils de Dieu possède en son Père, cette vie n'appartiendra qu'à celui qui se nourrira de Jésus (Jean, VI, 25-59).

Ce fut durant les courses qu'il fit du côté de Césarée de Philippe qu'il annonça publiquement, devant toute la foule qui le suivait, la doctrine du renoncement, l'obligation de le suivre, de se renoncer soi-même, de porter sa croix; doctrine enfermée dans ces formules brèves et irrévocables qui sont devenues, pour ainsi dire, le mot d'ordre de la morale évangélique (Luc, IX, 23 et suiv.).

Quelques jours plus tard, à l'occasion des exécutions faites par Pilate en Galilée, de l'écroulement de la tour de Siloé, qui fit dix-huit victimes, il renouvelle ses avertissements sur la nécessité de la pénitence que tous doivent faire s'ils ne veulent pas périr (Luc, XIII, 1 et suiv.).

Avant d'entrer à Jérusalem pour la fête des Tabernacles, il rappelle encore une fois aux foules qui le suivent la doctrine du renoncement, la nécessité de passer, s'il le faut, par-dessus l'amour de son père et de sa mère, de sa femme, de ses enfants, de ses frères, de ses sœurs, pour le suivre et devenir son disciple. (Luc, XIV, 15 et suiv.)

JÉSUS ET LES PHARISIENS.

Cette période de la prédication de Jésus en Galilée, depuis la seconde Pâque jusqu'au départ pour Jérusalem, aux approches de la fête des Tabernacles qui précéda la Passion, vit se développer la jalousie haineuse des Pharisiens. Ils s'attachèrent à tous les pas de Jésus, le poursuivirent de leurs observations malveillantes, essayèrent de le discréditer dans l'esprit des habitants de la Galilée, et de le noircir par des imputations odieuses, des calomnies perfides. Ils complotèrent plus d'une fois contre sa vie.

Quelques jours après le retour de Jésus à Capharnaüm, alors que sa divine bonté essayait « de les guérir », ils prennent occasion des mots que Jésus vient d'adresser au paralytique : « Homme, tes péchés te sont remis, » pour murmurer et dire entre eux : « Quel est celui-ci, qui profère des blasphèmes ? Qui peut remettre les péchés, si ce n'est Dieu seul ? »

Lorsque Jésus appelle à lui Matthieu et que, déférant à son invitation, il s'assoit à sa table avec d'autres publicains, ils récriminent contre lui, et, s'adressant aux disciples de Jésus : « Pourquoi mangez-vous, leur disent-ils, avec des publicains et des pécheurs ? » Jésus, auquel ils avaient dédaigné de s'adresser directement, leur répond par cette réflexion péremptoire : « Ce ne sont pas les hommes bien portants, mais les malades qui ont besoin du médecin. Je suis venu pour appeler non pas les justes, mais les pécheurs à la pénitence. » (*Ibid,.* 30).

Quelques jours après, c'est à Jésus lui-même qu'ils adressent leurs observations malveillantes. « Les disciples de Jean, lui disent-ils, jeûnent souvent, et font des prières, de même que les disciples des Pharisiens. Vos disciples, à vous, mangent et boivent. » Jésus leur répond que « le temps de sa présence terrestre est celui des fêtes nuptiales, que ses compagnons auront plus tard le temps de se mortifier et de jeûner. » Si les disciples de Jésus, passant le long d'un champ, égrènent quelques épis entre leurs mains et les mangent un jour de sabbat, les Pharisiens leur en font un crime (Luc, VI, 1 et suiv.). Ils remarquent un jour, parmi les assistants, dans une réunion à la synagogue, un homme qui a la main desséchée, et ils observent malignement Jésus afin de voir s'il le guérira et de prendre de là l'occasion de l'accuser. Jésus, qui lit au fond de leurs cœurs leurs méchants desseins, fait mettre l'infirme debout, au milieu de l'assistance, et demande à ses adversaires : « Qu'y a-t-il de permis le jour de sabbat ? De faire le bien ou de faire le mal ? De sauver une âme ou de la perdre ? » Et il guérit le malade.

Les Pharisiens, loin de se rendre à l'évidence du prodige, ne firent que s'aveugler de plus en plus dans leur stupide préjugé, et ils complotent ensemble sur ce qu'ils pourraient bien faire à Jésus (Luc, VI, 6 et suiv.), quels moyens ils pourraient bien inventer pour le faire périr (Matt. XII, 11.)

Lorsque Jésus, à l'occasion de l'envoi que Jean-Baptiste lui a fait de deux de ses disciples, avec mission de l'interroger, fait ensuite l'éloge de son Précurseur, tout le peuple et les publicains même applaudissent aux paroles de Jésus et en glorifient Dieu. Les Pharisiens et les Docteurs de la loi gardent un silence embarrassé, parce que, rebelles à la volonté de Dieu, ils avaient dédaigné de recevoir le baptême de Jean-Baptiste (Luc, VII, 18 et suiv.; Matt. XI, 2 et suiv.).

Le mépris ne leur suffisait pas; ils continuaient de le poursuivre de leur haine jusque dans sa prison; et d'après certaines allusions de Jésus lui-même, ils furent mêlés aux complots qui amenèrent sa captivité et son supplice (Matt. XVII, 12; Marc, VI, 17 et suiv.). Simon le Pharisien, qui a invité Jésus à prendre son repas chez lui, le voyant recevoir avec une divine indulgence les témoignages de respect de la pécheresse, doute de lui et ne peut plus reconnaître en lui un prophète, parce qu'il se laisse toucher par des pécheurs (Luc, VII, 36 et suiv.).

Lorsque Jésus eut guéri le sourd-muet, toute la foule fut transportée d'admiration, et elle s'écriait : « N'est-ce pas que celui-ci est le fils de David! » Les Pharisiens frémissants de rage essayèrent de retourner les esprits au moyen de la plus injurieuse des imputations : « Celui-ci, dirent-ils, ne chasse les démons que par délégation de Belzébuth, prince des démons. » Et Jésus leur ferme la bouche par la parabole du royaume divisé contre lui-même, en leur alléguant l'exemple de ceux d'entre eux qui font les fonctions d'exorcistes. Il affirme que c'est dans l'esprit de Dieu qu'il expulse les démons et que ce fait est un argument invincible que le royaume de Dieu s'est manifesté parmi eux. Il leur déclare en les atteignant indirectement que le blasphème contre l'Esprit-Saint est un crime irrémissible, non seulement dans ce siècle qui passe, mais dans le siècle à venir. Reprenant la comparaison de l'arbre qu'il affectionne, Jésus les somme d'être logiques, et de déclarer que tel arbre est bon dont le fruit est bon, ou que tel arbre est mauvais dont le fruit est nuisible. Enfin, mesurant la riposte à la malice de l'injure, il les apostrophe avec véhémence : Rejetons de vipère, comment pourriez-vous énoncer des paroles saines puisque vous êtes mauvais ? Car c'est de la surabondance du cœur que sortent les paroles des lèvres. L'homme bon tire le bien du bon trésor de son cœur; l'homme mauvais tire le mal de son méchant trésor. Je vous le dis : toute parole déplacée que proféreront les hommes, ils en rendront compte au jour du jugement. Car c'est d'après vos paroles que vous serez justifiés et d'après vos paroles que vous serez condamnés (Matt. XII, 22-37).

Quelques Pharisiens et scribes se redressent sous l'énergie de ces condamnations sévères : « Maître, lui disent-ils, nous voulons voir de votre part un prodige! « Nous voulons ». Ils commandent. Non· seulement il faut que ce soit à l'heure qui leur convient, mais encore dans l'espèce et le milieu qu'ils voudront choisir. Plus de ces cures terrestres, de ces guérisons merveilleuses. C'est un prodige dans le ciel qu'il leur faut; prodigieux, éclatant, qui terrasse les intelligences, qui courbe sous la terreur les incrédulités les plus orgueilleuses. En un mot, c'est un prodige qui changera les conditions de la foi et les plans du salut de l'homme; suivant lequel la foi doit être préparée par la sincérité de l'esprit et l'humilité du cœur.

Jésus n'est pas venu détruire la liberté et la responsabilité humaine, mais apporter aux hommes, dans l'ordre inviolable du plan divin, des moyens efficaces de salut. Il leur répond donc : « Leur race mauvaise et adultère demande un prodige, et un prodige ne lui sera pas donné, si ce n'est le prodige du prophète Jonas. Car, de même que Jonas a été trois jours et trois nuits dans le ventre du poisson, de même le Fils de l'homme sera trois jours et trois nuits dans le sein de la terre. Les hommes de Ninive se lèveront dans la séance du jugement contre cette race et la condamneront, parce qu'ils ont fait pénitence à la prédication de Jonas, et voici qu'il y a plus que Jonas ici. La reine du Nord se lèvera dans la séance du jugement contre cette race et la condamnera parce qu'elle est venue des confins de la terre pour entendre la sagesse de Salomon, et voici qu'il y a plus que Salomon ici ». (Matt. XII, 38 et suiv.)

On envoie de Jérusalem des Pharisiens et des scribes qui ont pour mission spéciale de le suivre, de le surveiller, de lui tendre des embûches. Un jour, ils remarquent que Jésus, invité à dîner par un Pharisien, se met à table sans s'être préalablement lavé les mains. Les disciples avaient suivi l'exemple de leur Maître. Les Pharisiens s'indignent : « Pourquoi, disent-ils, vos disciples transgressent-ils la tradition des anciens et ne se lavent-ils pas les mains avant de toucher au pain? »

Jésus les confond avec son aisance accoutumée en les accusant de violer eux-mêmes, non pas des traditions humaines, mais les commandements les plus formels de Dieu, entre autres, l'assistance due par les enfants au père et à la mère. Ils prétendent s'en décharger sous prétexte du vœu fait au Temple, et, au moyen de ce subterfuge de leur invention, ils méprisaient l'ordre divin. « Hypocrites, leur dit Jésus, Isaïe a parfaitement prophétisé à votre sujet dans ce passage : Ce peuple s'approche de moi par les sons de sa bouche, et m'honore du bout des lèvres; mais son cœur est loin de moi. Ils m'honorent faussement et enseignent des formules qui ne sont que des inventions humaines. »

Appelant ensuite la foule, il lui dit : « Ecoutez et comprenez : ce n'est pas ce qui entre dans la bouche qui rend l'homme impur; mais ce qui souille l'homme est ce qui sort de sa bouche. » Et il s'en alla. Les apôtres se rapprochèrent de lui et dirent : « Vous savez que les Pharisiens se sont scandalisés de la sentence que vous avez proférée. » « Toute plantation, repartit Jésus, qui n'a pas été plantée par mon

Père des Cieux sera déracinée. Laissez-les. Ce sont des aveugles conducteurs d'autres aveugles. Si un aveugle s'entremet d'en conduire un autre, ils tombent tous deux dans le précipice » (Luc, XV, 1 et suiv.).

La lutte, on le voit, est ouverte, déclarée ; non seulement Jésus se dégage des observances pharisaïques, mais il enseigne à ses disciples à n'en pas tenir compte, à se séparer des Pharisiens eux-mêmes, qui sont des êtres désormais condamnés, des excommuniés que Dieu va déraciner, qui retomberont sous la puissance du démon accrue du renfort de sept autres méchants esprits, à se tenir en garde contre le ferment des Pharisiens et des Sadducéens (Matt. XVI, 5).

Non content de donner ces leçons particulières à ses disciples, Jésus dénonce publiquement à la foule la fausseté des enseignements pharisaïques.

De pareilles défaites étaient bien de nature à aigrir la jalousie de ces orgueilleux directeurs de l'opinion juive, à confirmer leur dessein de se défaire à tout prix de cet adversaire invincible autant qu'impeccable. Jésus, pour leur échapper, se retire en pays romain, hors de la juridiction juive, dans les confins de Tyr ou de Sidon, où il garda autant qu'il le put l'incognito.

EMBUCHES DES PHARISIENS

Après un séjour d'une durée indéterminée, il revient vers le lac. Pour échapper à l'enthousiasme des Galiléens qui volontiers irait aux excès et prendrait le caractère d'un soulèvement, ou d'un mouvement révolutionnaire, il monte dans une barque et traverse aussitôt le lac avec l'intention de s'isoler dans la région déserte des collines orientales. La foule court après lui à pied, par le long circuit du contour septentrional du lac, traînant après elle nombre d'infirmes et de malades, qu'elle jeta aux pieds de Jésus dès qu'elle fut parvenue à le rejoindre.

Jésus les guérit tous, et, touché de la confiance de ce bon peuple qui, depuis trois jours, est en marche sans vivres, sans provisions, il renouvelle le miracle de la multiplication des pains et repaît ainsi quatre mille hommes sans compter les femmes et les enfants (XV, 29, fin).

Il les renvoie ensuite chacun chez eux et remontant en barque, aborde sur la rive occidentale aux environs de Magdala. Il y retrouve les Pharisiens qui s'acharnent à lui demander un prodige merveilleux, et qui n'obtiennent avec une observation sur leur aveuglement, qu'une réplique de l'assertion déjà énoncée par Jésus, où il leur promettait de leur donner le prodige du prophète Jonas (Matt. XVI, 1-5).

Poursuivi en Galilée, d'un côté par l'enthousiasme dangereux de la foule; de l'autre, par les poursuites acharnées des Pharisiens, Jésus n'y peut plus faire de longs séjours. Il s'en va donc avec ses apôtres dans les régions de Césarée de Philippe, le tétrarque (frère d'Hérode Antipas) homme paisible et doux, éloigné du milieu et des intrigues juives, chez qui la puissance des Pharisiens était faible sinon totalement inconnue.

Jésus se consacre désormais presque exclusivement à son école apostolique, et l'on peut considérer son enseignement public en Galilée comme terminé. Jusqu'à la fin, cette population, en majeure partie simple, droite, confiante, capable de dévouement et de discipline, comme elle le prouvera encore par son attachement à Josèphe, durant la guerre juive, resta, dans sa masse populaire surtout, fidèle et sympathique à Jésus. Ce fut dans les villes de Galilée, dans celles même qu'il avait honorées de sa présence et comblées de ses miracles, que Jésus rencontra le plus de résistances et d'esprits incrédules. L'influence des synagogues dirigées par l'esprit pharisaïque s'exerça contre lui; il dut bientôt renoncer à y enseigner sa doctrine; on vit un des chefs de ces synagogues pousser l'audace jusqu'à défendre aux ma-

lades d'y venir recevoir le bienfait de ses guérisons miraculeuses.

Jésus en dit lui-même un jour sa douleur. Il reprocha à ces
villes où avaient eu lieu la plupart des manifestations de
sa puissance, de n'avoir pas fait pénitence. « Malheur à toi,
Chorozaïn, malheur à toi, Bethsaïda, car si dans Tyr et
Sidon s'étaient faites les merveilles que vous avez vues
chez vous, elles eussent depuis longtemps fait pénitence dans
le sac et la cendre. Aussi je vous dis : Tyr et Sidon seront
traitées avec plus de bienveillance que vous au jour du
jugement. Et toi, Capharnaüm, élevée jusqu'au Ciel, tu seras
rabaissée jusqu'à l'abîme; car si dans la ville de Sodome
s'étaient faites les merveilles qui ont eu lieu chez toi, elles
seraient encore debout à l'heure présente. Aussi, je vous le
dis : la terre de Sodome sera traitée moins rigoureusement
que toi au jour du jugement. » (Matt. XI, 20)

LA FÊTE DES TABERNACLES. — LUTTES AVEC LES PHARISIENS

(Jean VII.)

Jésus était en Galilée à l'époque de la fête des Tabernacles
(septembre-octobre). Ce fut là que ses frères, qui ne croyaient
pas encore en lui, vinrent le trouver et le mettre en demeure
de se manifester au monde au lieu de se dérober et de se
retirer dans la retraite après chacun de ses miracles un peu
plus éclatants, comme il le faisait d'ordinaire. Ces membres
de sa famille, demi-frères ou cousins, eussent voulu, eux
aussi, que Jésus se posât en Messie politique, en monarque
terrestre, vengeur d'Israël et triomphateur des Gentils. Ils
y eussent trouvé leur avantage. Ils ambitionnaient la gloire du
monde.

Jésus leur dit que c'était la différence qu'il y avait entre
eux. Eux, ils étaient du monde qui, par conséquent, ne pouvait les haïr ou leur dresser des embûches; qu'ils allassent se
mêler sans crainte à la caravane nombreuse des pèlerins

qui montaient à Jérusalem. Jésus, lui, n'était pas du monde, et le monde le haïssait; il devait prendre des précautions de prudence, car son heure n'était pas encore venue, et son œuvre inachevée ne lui permettait pas de se livrer entre les mains de ses ennemis.

Jésus laissa donc partir la caravane et attendit quelques jours. Ensuite lui-même, secrètement suivi seulement de ses apôtres, se mit en route vers Jérusalem, où il n'arriva que vers le milieu de la fête qui durait sept jours. Depuis l'ouverture de la solennité, on le cherchait, on discourait de lui dans les groupes, timidement, avec mystère, parce que l'on craignait d'irriter les Pharisiens qui supportaient mal d'entendre seulement prononcer son nom. Les avis étaient partagés. — Les uns disaient de Jésus : « Il est bon ». — Les autres répliquaient : « Non, il égare le peuple. »

Dès son arrivée, Jésus se rendit au Temple et se mit, selon son usage, à enseigner publiquement. Les Juifs n'en revenaient pas. — « Comment donc, disaient-ils, connaît-il les Ecritures, puisqu'il n'a fait d'école? » — Jésus le leur expliquait : « Ma doctrine, disait-il, n'est pas mienne; c'est la doctrine de Celui qui m'a envoyé. Si quelqu'un veut faire la volonté de Celui qui m'a envoyé, il fera le discernement de cette doctrine et reconnaîtra si elle vient de Dieu, ou si je parle de moi-même. »

Il leur reproche alors de ne pas observer la loi de Moïse et de vouloir le tuer.

A cette accusation, la foule des Juifs lui répond par des injures. « Vous êtes possédé du démon! Qui cherche à vous tuer? » Jésus rafraîchit leurs souvenirs; il leur rappelle comment ils se sont comportés contre lui parce qu'il avait guéri, le jour du sabbat, le paralytique de la piscine de Bethesda, leur reproche leur inconséquence, puisqu'eux-mêmes se croient permis de circoncire leurs enfants le huitième jour, sans tenir compte de la coïncidence du sabbat et leur conseille de ne plus juger d'après l'apparence extérieure des choses, mais d'après leur justice intime.

Des habitants de Jérusalem, présents à la scène, étaient tout étonnés de l'entendre enseigner aussi paisiblement : « N'est-ce pas, disaient-ils, celui que l'on veut tuer? le voici qui parle avec franchise et hardiesse, et l'on ne lui dit rien. Serait-ce que les chefs du peuple auraient reconnu qu'il est le Messie? Mais celui-ci, nous savons d'où il sort; mais le Christ, quand il viendra, personne ne saura d'où il sort » (V, 25-27).

Jésus qui a eu connaissance de cette réflexion malveillante, insinue à ces gens prétendus informés, qu'ils pourraient bien se tromper : « Vous prétendez, dit-il hautement et ouvertement dans le Temple, savoir qui je suis et d'où je sors, Cependant je ne suis pas venu de moi-même, et celui-là est véridique qui m'a envoyé et que vous ne connaissez pas. Moi, je le connais, car je suis d'avec lui et c'est lui qui m'a envoyé. »

Ouvertement, publiquement, Jésus leur reprochait donc leur ignorance obstinée. Il s'en obstinèrent davantage et voulurent se saisir de lui, mais ne réalisaient pas leur projet parce que l'heure de Jésus n'était pas encore venue (25-31).

Dans la foule du peuple, un mouvement d'opinion se produisit en faveur de Jésus. L'intention des Grands Prêtres et des chefs du peuple de le faire mourir était de notoriété publique. L'intrépidité de Jésus à affronter ses ennemis mortels, la fermeté de ses affirmations, l'impuissance souvent constatée des entreprises concertées contre lui impressionnèrent les esprits sincères. Beaucoup de gens du peuple crurent en lui, le reconnurent pour le Messie, « car, disaient-ils, le Messie, au jour de sa venue, pourra-t-il faire plus de prodiges que n'en fait Jésus? »

Les émissaires des Pharisiens, chargés d'épier Jésus, allèrent promptement les informer de ces dispositions d'une partie de la foule et de ses discours favorables à Jésus.

Les Chefs des Prêtres et les Pharisiens envoyèrent des valets pour le saisir.

Jésus, sans s'émouvoir, continuait d'énoncer publiquement ses enseignements. « Encore un peu de temps je suis avec vous; puis, je retourne vers Celui qui m'a envoyé. Vous me chercherez et ne me trouverez pas, et là où je suis, vous ne pouvez pas venir. » Les Juifs se demandaient les uns aux autres, en entendant ces énigmatiques paroles : « Où donc ira-t-il pour que nous ne puissions plus le trouver? Ira-t-il dans la dispersion des Gentils et se fera-t-il le Maître de ces Gentils? que signifie cette énigme : vous me cherche-rez et ne me trouverez pas, et où je suis, vous ne pouvez pas venir? »

Le dernier jour, et le plus solennel de ceux consacrés à cette fête des Tabernacles, Jésus était retourné au Tem-ple et se tenait debout à la place où il avait coutume de donner ses enseignements. On venait de répandre, sur le pavé des parvis, comme une pieuse libation, l'eau qu'on avait puisée aux fontaines de Siloë. Cette eau, d'après les com-mentaires des Rabbins, figurait la doctrine que devait ré-pandre le Messie.

Jésus, à l'occasion de cette cérémonie, se mit à discourir à voix très haute : « Qui a soif qu'il vienne à moi et se désal-tère. Celui qui croit en moi, verra, suivant la prédiction des Ecritures, jaillir de ses entrailles des flots d'eau vive. » Beaucoup, en l'entendant parler de la sorte, disaient: « Celui-ci est vraiment le Prophète. » D'autres ajoutaient : « C'est lui le Messie. » Mais il y en avait qui objectaient : « Est-ce donc de la Galilée que peut venir le Messie? Est-ce que l'Ecriture ne dit pas que c'est du sang de David, et de la bour-gade de Bethléem, lieu d'origine de David que viendra le Messie. » — Ainsi les opinions étaient partagées au sujet de Jésus.

Ce fut ce jour-là même que vinrent les valets chargés de l'arrêter, et ils s'en retournèrent sans oser mettre les mains

sur lui. Les chefs des Prêtres et les Pharisiens leur dirent:
« Pourquoi ne l'amenez-vous pas? » — Ces valets répondirent:
« Jamais homme n'a parlé comme cet homme! » — Les Pharisiens leur dirent : « Et vous aussi, vous êtes-vous laissé
abuser? Est-ce qu'un seul des chefs du peuple ou des Pharisiens a cru en lui? » Mais cette foule, qui ne sait rien de la loi
est un troupeau de maudits.

Nicodème, l'un des membres du Sanhédrin, celui-là même
qui avait eu un entretien, la nuit, avec Jésus, se permit de
faire à ses collègues cette simple observation : Notre loi ne
nous permet de juger un homme qu'autant que les juges
l'ont auparavant fait comparaître devant eux et interrogé sur
ses actes. Quand la haine est montée à ce degré de fureur
qu'elle ne peut plus s'apaiser que dans le sang de sa victime,
elle ne supporte aucune opposition, n'accepte aucune défense. Les Pharisiens répondirent à Nicodème : « Es-tu, toi
aussi, de la Galilée : consulte et tu constateras qu'un prophète ne peut sortir de cette terre de Galilée. » Il n'y avait
pas de discussion possible. L'unique défenseur était insulté
par une majorité dont la sentence était irrévocablement arrêtée; aussi l'évangéliste saint Jean conclut-il, non sans une
pointe d'ironie, que, là-dessus, chacun se retira chez soi.

Jésus alla passer la nuit sur le mont des Oliviers et revint
le lendemain au Temple. La foule l'entoura dès qu'il parut.
Les Pharisiens en furent aussitôt avertis. Trop lâches pour
oser arrêter Jésus au milieu du peuple, de la part duquel ils
craignaient un soulèvement, ils eurent recours à d'hypocrites
manœuvres pour arriver à retourner contre lui l'opinion. On
avait amené, ce matin-là même, à leur tribunal, une femme
surprise en flagrant délit d'adultère. Ils chargèrent quelques-
uns d'entre eux de l'amener à Jésus et de laisser au nouveau
prophète la responsabilité de prononcer sur sa faute. On
verrait bien si celui qui accueillait avec tant de miséricorde les
pécheurs et les pécheresses, irait par condescendance pour
eux jusqu'à se mettre en contradiction avec la loi de Moïse.

Car la loi était formelle et ordonnait de lapider la femme convaincue de cette faute. Si Jésus contredisait la loi, on aurait, cette fois, un motif réel de l'accuser du crime de séduction; s'il se montrait impitoyable, les Pharisiens espéraient qu'il y perdrait sa réputation de bonté et de douceur, et l'appui de cet enthousiasme populaire à cause duquel ils n'osaient pas, publiquement et en plein jour, mettre la main sur lui.

Jésus laissa les accusateurs de la femme énoncer sa faute et les preuves de sa culpabilité : « Moïse, dirent-ils, par forme de conclusion, a ordonné de lapider les coupables de cette espèce. Vous, Maître, que dites-vous? » Il s'agissait cette fois d'une interprétation de la loi de Dieu, et tout prophète, et à plus forte raison le Messie, était l'interprète suprême de la loi. Jésus ne pouvait donc se récuser directement, dans ce cas.

Cependant, il garda le silence, et, se penchant profondément, se mit à écrire avec son doigt sur le sable. Les mandataires des Pharisiens attendaient et réitéraient leur question. Jésus se releva et leur dit : « Que le premier de vous qui est sans péché jette la pierre contre elle. » Puis il se pencha de nouveau et recommença d'écrire sur le sable. Les accusateurs de la femme ayant entendu la décision de Jésus et convaincus, eux aussi par les reproches de leur conscience, se défilèrent en commençant par les plus âgés, les uns après les autres, jusqu'au dernier. Etait-ce leur conscience seule qui terrifiait ces hypocrites, ou bien avaient-ils lu sur le sable de trop évidentes révélations? En tout cas, Jésus se trouva rester seul avec l'accusée. Se relevant alors, il lui dit : « Femme, où sont vos accusateurs? Aucun ne vous a donc condamnée? — Aucun, Seigneur. — Et moi je ne vous condamnerai pas. Allez, et ne péchez plus » (Jean, VIII, 1-11).

Jésus, après avoir, avec cette impeccable et suprême habileté, fait tomber ses ennemis dans le traquenard qu'ils lui avaient tendu, les avoir contraints de renoncer à leurs prétentions d'incorruptible vertu devant la foule même qui l'entourait, se retourna vers cette foule et se mit à l'instruire.

« Je suis, dit-il, la lumière du monde, celui qui est en ma compagnie ne marchera pas dans l'obscurité, mais il aura la lumière de vie. » Des Pharisiens étaient restés mêlés à la foule. — « Vous témoignez, lui dirent-ils, en votre propre faveur ; et ce témoignage personnel n'est pas une garantie de vérité. » — Jésus leur répondit : « Quand bien même je témoignerais en faveur de ma personne, mon témoignage est vrai ; parce que je sais d'où je viens et où je vais retourner. Vous, vous ne savez ni d'où je viens ni où je retourne. » Jésus, d'après la conscience très nette qu'il avait de lui-même, et d'après son affirmation personnelle aux Pharisiens, ne venait donc pas simplement de Galilée, comme ils le lui reprochaient. Il y avait, sur la question de son origine, un mystère qu'ils auraient dû chercher à éclaircir. Il ne paraît pas qu'ils y aient jamais pensé.

Jésus continua de les instruire en ces termes : « Vous autres, vous jugez selon la chair ; quant à moi, je ne juge personne. Et si je jugeais, mon jugement serait véritable, car je ne suis pas le seul, nous sommes deux, moi et mon Père, qui m'a envoyé. Or, il est écrit dans votre loi que le témoignage de deux hommes est vrai. Je rends donc moi-même témoignage au sujet de ma personne et mon père rend pareillement témoignage à mon sujet. »

Les Juifs lui répondirent : « Où est-il, votre Père ? » — Jésus répliqua : « Vous ne connaissez ni moi, ni mon Père ; si vous me connaissiez, vous connaîtriez par là même mon Père. » — Jésus prononçait ce discours dans la chambre du trésor du Temple, et personne ne se saisit de lui, parce que son heure n'était pas venue encore.

Il continua de leur donner ses enseignements : « Je m'en vais et vous me chercherez, et vous mourrez dans votre péché. Où je m'en vais, vous ne pouvez pas venir. » Les Juifs se disaient : « Va-t-il donc se donner la mort à lui-même, puis qu'il dit : « Là où je m'en vais, vous ne pouvez pas venir. » D'après les légendes des Pharisiens, toutes les âmes justes devaient se réunir dans le sein d'Abraham, à l'exclusion des âmes des suicidés, qui étaient exclues de ce commun asile et condamnées à errer sans repos. Jésus, pour les éclairer, entra dans la voie des explications. « Vous, leur dit-il, vous êtes d'en bas; moi, je suis d'en haut; vous, vous êtes de ce monde, moi, je ne suis pas de ce monde. Je vous ai dit que vous mourriez dans votre péché; c'est-à-dire si vous ne croyez pas que *je suis*, vous mourrez dans vos péchés. » — Ils lui dirent : « Qui êtes-vous ? » Jésus leur répondit : « Ce qui est dans le principe; c'est pourquoi je vous parle. Car j'ai beaucoup à dire et à juger à votre sujet. Mais Celui qui m'a envoyé est véridique, et moi, ce que j'ai entendu de lui, je le dis au monde. » Les Juifs ne comprirent pas qu'il leur parlait du Père. Jésus continua : « Lorsque vous aurez élevé le Fils de l'homme, alors vous comprendrez que moi *je suis*, et que je ne fais rien de moi-même, mais ce que m'a enseigné mon Père, je l'annonce. Et Celui qui m'a envoyé est avec moi : Le Père ne m'a pas laissé seul, parce que je fais toujours ce qui lui plaît. »

Beaucoup, en entendant ces discours, crurent en lui. Jésus dit donc à ces Juifs qui avaient cru en lui: « Si vous demeurez dans ma parole, vous serez vraiment mes disciples; vous connaîtrez la vérité, et la vérité vous rendra libres. » Des voix dans la foule, peut-être même sortant de la bouche de ceux qui tout à l'heure déclaraient croire en lui, s'élevèrent sur un ton de colère et crièrent : « Nous sommes du sang d'Abraham et nous n'avons jamais été les esclaves de personne. Comment pouvez-vous dire : Vous deviendrez libres. » Jésus leur répondit : « En vérité, en vérité, je vous le dis, quiconque fait le péché est l'esclave du péché. Or l'esclave ne demeure pas dans la maison de famille pour l'éternité. Le fils y demeure pour l'éternité. Si donc le fils vous donne la liberté, vous serez vraiment libres. Je sais bien que vous êtes du sang d'Abraham, mais vous cherchez à me tuer, parce que ma parole ne trouve pas de place en vous. Ce que j'ai vu chez mon Père, je le dis. Vous, de votre côté, ce que vous avez vu chez votre père, vous le faites. » Les Juifs répliquèrent : « Notre père, c'est Abraham.» — « Si vous étiez les fils d'Abraham, leur dit Jésus, vous feriez les œuvres d'Abraham. Maintenant, vous cherchez à me tuer, moi, un homme qui vous ai dit la vérité que j'ai entendue de *Dieu;* cela, Abraham ne l'a pas fait. Vous faites les œuvres de votre Père. » Ils se récrièrent : « Nous ne sommes pas des enfants de prostitution; nous n'avons qu'un père, Dieu. » — Jésus leur dit : « Si Dieu était votre Père, vous m'aimeriez, car moi je suis venu et je viens de Dieu; je ne suis pas venu de moi-même, c'est Lui qui m'a envoyé. C'est pourquoi vous ne comprenez pas mon langage, et vous ne pouvez pas écouter mon discours. Vous, vous êtes de votre père, le diable, et vous voulez faire les désirs de votre père. Celui-ci est un homicide dès le commencement, et il n'est pas demeuré dans la vérité. Parce que la vérité n'est pas en lui quand il énonce le mensonge, il parle de son fonds, parce qu'il est menteur et père du mensonge. Parce que je vous dis la vérité, vous ne me croyez pas. Qui de vous peut m'accuser de péché. Si je vous dis la vérité, pourquoi ne me croyez-vous pas? Celui qui est de Dieu écoute les paroles de Dieu; la cause pour laquelle vous ne m'écoutez pas, c'est que vous n'êtes pas de Dieu. »

Les Juifs lui crièrent : « Ne disions-nous pas bien que vous êtes un Samaritain, un possédé? » Jésus leur répondit : « Je n'ai pas de démon qui me possède, mais j'honore mon Père, et vous, vous m'injuriez. Je ne cherche pas ma gloire; il y a celui qui la cherche et qui jugera. En vérité, en vérité, je vous le dis : Si quelqu'un garde ma parole, il ne verra pas la mort pour l'éternité. » Nouvelles injures des Juifs : « Nous voyons bien que tu es possédé. Abraham est mort et les prophètes aussi et toi tu dis: Si quelqu'un garde ma parole, il ne goûtera pas la mort pour l'éternité. Es-tu donc plus grand que notre père Abraham qui est mort, que les Prophètes qui sont morts? Qui donc te fais-tu toi-même? » — Jésus répondit : « Si je me glorifie moi-même, ma gloire n'est rien. C'est mon Père qui me glorifie, lui de qui vous dites qu'il est votre Dieu. Mais vous ne le connaissez pas; moi je le connais; et si je vous disais que je ne le connais pas, je serais semblablement à vous, un menteur; mais je le connais et je garde sa parole. Abraham votre père a tressailli de l'impatient désir de voir mon jour, il l'a vu, et il en a été réjoui. » Les Juifs l'interrompent, et se moquant : « Tu n'as pas encore cinquante ans, et tu as vu Abraham? » — Jésus leur dit : « En vérité, en vérité, je vous le dis, avant la naissance d'Abraham, je suis. » Les Juifs prirent des pierres pour le lapider; Jésus se cacha et sortit du Temple en passant au milieu d'eux et sortit ainsi.

Dans ses enseignements donnés au Temple, en face des chefs du Sanhédrin, des maîtres de l'école pharisaïque, Jésus s'est révélé lui-même avec plus de force et de clarté que nulle part ailleurs. Le lieu, le temps, la qualité des auditeurs l'y déterminaient. Venu pour éclairer les hommes, pour être la lumière du monde, il lui convenait que personne, et surtout les chefs de la nation, ne pussent l'accuser d'avoir tenu la lumière cachée.

Saint Jean, dont la mémoire était alors dans toute sa fraîcheur, et de plus exercée par la discipline et l'école de Jean-Baptiste, où l'on apprenait par cœur de longues formules de prières, nous a conservé, au moins dans leur substance essentielle, ces admirables discours de Jésus. Une preuve que ce sont bien les paroles mêmes de Jésus qu'il nous rapporte se trouve dans les réflexions et les commentaires dont il les entrecoupe de temps à autre. D'ailleurs des fragments de même ton, de même style, de même tournure se retrouvent çà et là dans les autres évangélistes. Ces discours sont d'ailleurs tellement liés avec les faits incidents du temps et du lieu, qu'il forme un ensemble, un tout qu'on ne peut séparer.

D'un autre côté, le rôle joué par les Juifs et principalement par les chefs de la nation, dans ces rencontres et ces discussions avec Jésus, à Jérusalem même, leur parti pris de ne pas l'entendre, leur facilité et leur grossièreté dans l'injure, leurs complots sanguinaires sont si odieux et si abominables qu'il a pu paraître aux premiers évangélistes, encore tout préoccupés de convertir avant tout leurs compatriotes à la foi de Jésus, que c'était une mesure de sage précaution de ne pas insister sur ce point. L'Evangéliste saint Jean, qui écrivait après la ruine de Jérusalem et la réprobation consommée de la race déicide, n'avait plus de raison de garder ces ménagements. Au contraire, la démonstration de l'obstination rebelle des chefs des prêtres et des Pharisiens, la révélation de leurs haines mortelles contre le Messie, Jésus, justifiaient les terribles justices que venait d'exercer la Providence de Dieu.

Jésus, dans son exposition, affirme de prime abord que son enseignement est l'enseignement de Dieu même ; que lui-même est venu de Dieu qui l'a envoyé, et qu'il n'énonce aux hommes que les paroles mêmes de Dieu. Ce Dieu, il le connaît, parce qu'il demeure en lui. Et c'est celui-là même que les Juifs prétendent être leur Dieu, quoiqu'ils ne le connaissent pas véritablement. A plusieurs reprises, il affirme cette identité entre son Père, Celui qui l'a envoyé et le vrai Dieu. Il affirme non moins absolument l'identité de pensées, de paroles, d'enseignements entre son Père et lui. Par trois fois, lorsqu'il est amené par le cours de la discussion à se définir lui-même et à déterminer sa personnalité, Jésus le fait en s'appliquant à lui-même la définition la plus absolument et la plus exclusivement divine. A la question : Qui êtes-vous ? il répond par l'affirmation de l'Etre absolu : Je suis, répond-il, avant la naissance d'Abraham, je suis. Une autre fois à cette question : Qui êtes-vous ? — Ce qui est dans le principe, répond-il.

Il proclame, comme toujours, que la foi, humblement et persévéramment soumise à sa parole, est le moyen exclusif et nécessaire de parvenir à la véritable science, à la véritable liberté morale. Et il prend occasion de là pour faire à ses auditeurs une leçon terrible de psychologie morale. Il leur dévoile que c'est la malice de leurs cœurs qui les empêche de recevoir sa parole, de concevoir pour son Père et pour lui de sincères sentiments d'amour; c'est la malice de leurs cœurs qui, les livrant au péché, fait d'eux, non plus des fils d'Abraham et encore moins des fils de Dieu, comme ils le prétendent faussement, mais les esclaves de Satan et les trop fidèles imitateurs de son esprit de meurtre et de vengeance.

Jésus ne déclare pas en termes positifs et précis qu'il est Dieu; il ne lui convenait pas de heurter d'une façon brutale les préjugés de ceux qu'il venait instruire, de soulever contre luimême une explosion subite de fureurs, et de périr sous les coups d'une vengeance populaire. Mais, excepté cette déclaration formelle, il était difficile à Jésus d'exposer plus énergiquement, plus clairement, la doctrine même de sa divinité personnelle. Les Juifs ne voulaient pas recevoir ces enseignements, mais ils entendaient assez les conséquences des affirmations de Jésus pour se croire en droit de le lapider comme un blasphémateur.

Au sortir du Temple, Jésus, rejoint et entouré par ses disciples, vit un aveugle qui se tenait là pour demander l'aumône. A la question que lui firent ses apôtres, si cet homme avait été frappé de cécité à cause de ses fautes, ou bien à cause des fautes personnelles de ses parents, Jésus répondit que ce n'était pas à cause des fautes ni de l'infirme, ni de ses parents, mais afin que les œuvres de Dieu fussent manifestées en celui-là. Leur rappelant qu'il est la lumière du monde et qu'il ne lui reste que peu de temps pour opérer dans le monde les œuvres de son Père, il crache par terre, délaie un peu de poussière et se sert de cette boue comme d'un liniment qu'il met sur les yeux de l'aveugle. L'aveugle ne le voyait pas, ne lui demandait rien, par conséquent ; il convenait à Jésus, par ce moyen sensible, d'éveiller l'attention de l'infirme, d'exciter sa foi et sa confiance en Celui qui allait le guérir. Car, ainsi que je l'ai déjà observé précédemment, Jésus choisit, lui-même, à Jérusalem, les sujets de ses miracles et il les y opère dans des conditions particulières, pour qu'ils servent de démonstration irréfragable à sa doctrine et à ses enseignements.

Jésus, après cette opération préliminaire, dit à l'aveugle : « Va, maintenant, te laver à la fontaine de Siloam ». Il y alla, s'y lava et s'en revint avec des yeux éclairés et parfaitement sains. L'homme était très connu ; depuis de longues années, il mendiait et presque toujours à la même place, suivant l'usage de ces infirmes.

Lorsqu'il s'en revint guéri, un rassemblement se forma vite ; les voisins, les connaissances l'entourent. — C'est bien lui, disent les uns. — Mais non, disent les autres, c'est son sosie. Le mendiant s'écriait : « Pourtant, c'est bien moi ! » — « Mais comment, lui criait-on de tous côtés, as-tu recouvré la vue ? » — Et il recommençait dix, vingt fois son récit : « L'homme nommé Jésus a fait de la boue, m'en a frotté les yeux et m'a dit : — Va à la fontaine de Siloam et lave-toi. — J'y suis allé, je me suis lavé, j'ai vu. » — On lui demandait : « Où est-il ? » — Il leur disait : « Je n'en sais rien » (IX, 1-12).

On conduit devant les Pharisiens l'ex-aveugle. C'était un sabbat, le jour où Jésus fit de la boue et ouvrit ses yeux à la lumière. Les Pharisiens l'interrogeaient sur le fait de sa guérison. Il recommença à leur faire son récit, toujours le même. Les Pharisiens lui dirent : « Cet homme ne vient pas de Dieu, puisqu'il ne garde pas le sabbat. » Il ne tombait pas même sous la pensée de ces orgueilleux que ce pouvait bien être leurs observations superstitieuses ajoutées au sabbat qui ne venaient pas de Dieu.

Il y avait cependant quelques esprits plus raisonnables qui se sentaient ébranlés : Comment un homme qui serait un pécheur pourrait-il faire de pareils prodiges, disaient-ils. Les avis étaient divisés. On voulut avoir l'opinion de l'aveugle : « Toi, que dis-tu de celui-là ? t'a-t-il bien ouvert les yeux ? » Il répondit : « C'est un prophète ».

Les Pharisiens ne voulurent pas croire à la réalité du miracle jusqu'à ce qu'ils eussent interrogé les parents du miraculé. Ils les firent comparaître et les interrogèrent : « Est-ce bien là votre fils, celui que vous dites être né aveugle ? Comment y voit-il à présent ? » Ils répondirent : « Nous savons que c'est bien là notre fils et qu'il est né aveugle. Comment il y voit maintenant ? nous ne le savons pas, ni qui lui a ouvert les yeux à la lumière. Il est en âge, interrogez-le, il vous répondra sur son cas. » Ils parlèrent ainsi parce qu'ils craignaient les Juifs et que ceux-ci avaient déjà pris une décision publique de chasser du sein des synagogues ceux qui reconnaîtraient ouvertement Jésus pour le Messie. C'est là un bel exemple d'ingratitude, une démonstration très évidente aussi de la tyrannie que les Pharisiens exerçaient sur l'opinion.

On fit donc comparaître une seconde fois le mendiant et on lui fit cette sommation : « Rends gloire à Dieu : Nous savons que cet homme est un pécheur. » La haine des Pharisiens ne serait satisfaite qu'à la condition d'arracher à celui qui venait de recevoir un pareil bienfait, un désaveu formel et injurieux contre son bienfaiteur. Le mendiant avait du bon sens et du cœur ; les Pharisiens, loin de l'intimider, trouvèrent en lui un maître qui leur fit rudement la leçon : « S'il est, dit-il, un pécheur, je n'en sais rien ; je ne sais qu'une chose, c'est que j'étais aveugle et que maintenant j'y vois. » Ils lui renouvelèrent leurs questions : « Comment s'y est-il pris ? comment a-t-il ouvert tes yeux ? » — L'homme perdit patience : « Je vous l'ai déjà dit. Pourquoi voulez-vous me le faire redire encore ? Voulez-vous, vous aussi, devenir ses disciples ? » Ces singuliers juges l'injurièrent et lui dirent : « Toi, sois son disciple : nous, nous sommes les disciples de Moïse. Nous savons que Dieu a parlé à Moïse ; celui-là, nous ne savons

pas d'où il est. » — L'homme leur riposta par ces mots :
« C'est bien étrange que vous ne sachiez pas d'où il est,
puisqu'il m'a ouvert les yeux. Nous savons que Dieu n'é-
coute pas les pécheurs ; mais si quelqu'un est pieux et fait
la volonté de Dieu, celui-ci, Dieu l'écoute. De mémoire d'homme, on n'a ouï dire que quelqu'un ait ouvert à la lumière les
yeux d'un aveugle de naissance. Si celui-ci ne venait pas
de Dieu, il ne pourrait rien faire. » Les arguments du mendiant étaient intéressants ; aussi les Pharisiens ne lui répondirent que par des injures et par des voies de fait : « Tu es
né tout entier dans le péché et tu prétends nous faire la
leçon », lui crièrent-ils. Après quoi ils le chassèrent dehors.

Jésus apprit qu'ils l'avaient ainsi excommunié, et, le ren-
contrant un peu après, il lui dit : « Crois-tu au Fils de Dieu ? »
« Qui est-il, Seigneur, répond-il avec empressement, afin que
je croie en lui ». Jésus lui dit : « Il est devant tes yeux et
c'est celui-là même qui te parle. » — « Je crois, Seigneur, »
confessa-t-il, et il se prosterna devant lui.

Jésus accepta ces honneurs divins comme légitimement
dus et ajouta : « C'est pour une œuvre de discernement que
je suis venu dans ce monde, afin que ceux qui ne voient pas
recouvrent la vue et que ceux qui voient deviennent aveugles. » Dans l'entourage de Jésus, il y avait des Pharisiens
qui entendirent ces mots. « Est-ce que nous, nous sommes
des aveugles ? » Jésus leur dit : « Si vous étiez aveugles,
vous n'auriez pas de péché ; maintenant vous dites : Nous y
voyons clair ; votre péché pèse donc sur vous. » Il prit de
là occasion de leur raconter l'admirable parabole du Bon
Pasteur. Pasteur, Jésus est l'unique porte de salut ; bienheureux qui accourt à sa voix et devient sa brebis, une brebis
que Jésus défendra et conservera au prix de son sang, au
prix de sa vie qu'il donnera pour elle, à l'heure choisie vo-
lontairement par lui-même.

Les Pharisiens avaient les oreilles aussi fermées au langage des paraboles qu'aux démonstrations logiques; non seulement ils ne voulaient pas les recevoir eux-mêmes, mais ils faisaient tous leurs efforts pour écarter la foule de Jésus et leur moyen était toujours d'employer contre lui l'injure calomnieuse. Beaucoup d'entre eux disaient : « C'est un possédé; pourquoi l'écoutez-vous? » Quelques âmes droites et sincères résistaient : « Ces paroles ne sont pas d'un possédé. Est-ce qu'un possédé pourrait ouvrir les yeux d'un aveugle? » (Jean, X, 1-21).

JÉSUS A LA FÊTE DE LA DÉDICACE.

Telles furent les scènes et les enseignements d'une importance suprême qui marquèrent la présence de Jésus à Jérusalem durant la fête des Tabernacles. Il retourna ensuite en Galilée, d'où il se retira ensuite presque aussitôt après dans la tétrarchie de Philippe, en Césarée. Après la Transfiguration et les dernières manifestations qui terminèrent son apostolat dans le pays du lac de Génésareth, Jésus reprit le chemin de Jérusalem avec la suprême résolution d'y consommer bientôt son sacrifice.

Il fit une apparition à la fête de la Dédicace, dans le commencement de décembre. Un jour qu'il se promenait dans le portique de Salomon, il fut entouré par les Juifs qui lui dirent: « Jusques à quand tenez-vous votre âme en suspens? Si vous êtes le Christ, dites-le-nous ouvertement. » — Jésus leur répondit : « Je vous l'ai dit et vous ne le croyez pas. Les œuvres, que je fais au nom de mon Père, rendent elles-mêmes témoignage en ma faveur. Mais vous ne me croyez pas parce que vous n'êtes pas de mes brebis, comme je vous l'ai dit. Mes brebis entendent ma voix, je les connais, elles me suivent, je leur donne la vie éternelle; je les préserverai de la mort pour l'éternité et personne ne les arrachera de mes mains. Car mon Père qui me les a données est plus grand que tout, et personne ne pourra les arracher de la main de mon Père. Moi et mon Père, nous sommes un. »

Les Juifs prirent une seconde fois des pierres pour le lapider. Jésus leur demanda : « Je vous ai faits les témoins de beaucoup d'œuvres bonnes et merveilleuses, au nom de mon Père, pour laquelle de ces œuvres voulez-vous me lapider ? » Les Juifs lui crièrent : « Ce n'est pas à cause de tes belles œuvres que nous te lapidons, mais à cause de ton blasphème, et parce que n'étant qu'un homme, tu te fais toi-même Dieu. » — Jésus leur repartit : « N'est-il pas écrit dans votre loi : J'ai dit, vous êtes dieux. Si l'Ecriture appelle du nom de dieux ceux à qui a été révélée la parole de Dieu, — et l'Ecriture ne peut être détruite, — celui que le Père a sanctifié et envoyé dans le monde, vous l'accusez et lui dites : Tu blasphèmes, parce que j'ai dit : Je suis le Fils de Dieu. Si je ne fais pas les œuvres de mon Père, ne me croyez pas. Si je les fais et que vous ne veuillez pas me croire, moi, croyez-en du moins sur le témoignage de mes œuvres, en sorte que vous connaissiez et que vous croyiez que le Père est en moi et que je suis en lui. »

Ni la calme intrépidité de Jésus devant ces tentatives homicides, ni l'admirable à-propos de l'argument scripturaire, ni le souvenir des miracles qu'il avait accomplis sous leurs yeux ne purent faire tomber tout à fait la haine irréconciliable des Pharisiens. Renonçant à le lapider sur-le-champ, ils voulurent du moins se saisir de sa personne, mais Jésus s'échappa de leurs mains (Jean, X, 22-39).

JÉSUS EN PÉRÉE.

Après la fête de la Dédicace, Jésus ne reprit pas le chemin de la Galilée, mais, descendant vers la vallée du Jourdain, il repassa par les lieux témoins de son baptême et de ses premières prédications. Puis il passa le fleuve et parcourut les contrées voisines de la Pérée. Ce pays s'étendait en longueur le long de la vallée du Jourdain, depuis Pella au nord, jusqu'au ruisseau d'Arnon, tributaire de la côte orientale de la Mer Morte, au Sud. Dans la Pérée inférieure se trouvaient et le mont Nébo, d'où Moïse aperçut la terre promise et cette fameuse forteresse de Machéron où Hérode venait, il y avait peu de temps, de faire décapiter Jean-Baptiste. La Pérée était, principalement à l'est, une terre de hauts plateaux brûlés et déserts, à l'ouest, sillonnée de petits ruisseaux qui venaient se jeter dans le Jourdain et la Mer Morte, arrosée par des sources qui fournissaient encore des eaux abondantes quand les chaleurs torrides avaient desséché les torrents; elle cultivait, sur les pentes de ses collines escarpées, ou dans la plaine élargie du cours inférieur du Jourdain, les oliviers, les palmiers, mais surtout la vigne. Dans ces régions, les villes, les bourgades étaient en grand nombre, et la population assez dense au temps du Messie.

Les foules s'y empressèrent autour de Jésus qui, selon sa coutume, leur distribuait ses enseignements et leur prodigua ses miracles (Matt., XIX, ssq). Les espions des Pharisiens l'y poursuivirent. Ce fut durant l'une des excursions du Messie à travers ce pays qu'ils lui posèrent d'insidieuses questions au sujet du divorce (Marc, X, 1, ssv; Matt., XIX, 3). Jésus profitant de cette question, rétablit l'antique doctrine de la monogamie et insinua les avantages de la virginité librement acceptée en vue d'acquérir le royaume des Cieux (*ibid.*)

Les femmes de la Pérée firent preuve de beaucoup d'empressement à offrir leurs enfants aux bénédictions de Jésus. Les apôtres les trouvèrent importunes et voulurent les empêcher. Mais Jésus leur dit : Laissez ces enfants et ne les empêchez pas de venir à moi; car c'est à de telles natures qu'appartient le royaume des Cieux (Matt., XIX, 13; Marc, X, 13).

Saint Jean nous a laissé un court mais important résumé de ce séjour de Jésus en Pérée. Beaucoup, dit-il, vinrent à lui et ils disaient : Jean n'a fait aucun miracle, mais tout ce que Jean a dit au sujet de celui-ci s'est montré véritable. Et beaucoup crurent en lui (Jean, X, 40-42).

LA RÉSURRECTION DE LAZARE.

Ce fut durant ce séjour en Pérée que les envoyés de Marthe et de Marie vinrent trouver Jésus pour lui apprendre la maladie de Lazare et le prier de venir le guérir. On a vu comment ses apôtres, convaincus que les Juifs n'attendaient que la première occasion favorable pour mettre à exécution contre lui leurs projets homicides, voulurent dissuader leur Maître de retourner en Judée. Jésus ne veut rien écouter, part avec ses apôtres, qui se décident à aller affronter la mort avec lui; ils arrivent à Béthanie, aux portes de Jérusalem, quatre jours après la mort de Lazare. Alors se passa cette merveilleuse scène de tendresse et de puissance qui révélèrent en Jésus l'ami et le Maître de la vie, l'ami versant des larmes et compatissant au deuil de sœurs privées de leur frère; le Maître de la vie rappelant à l'existence un corps livré depuis quatre jours à la corruption du tombeau.

Une fois de plus nous constatons chez les disciples de Jésus et ses amis les plus intimes, une même conviction au sujet de sa personne et de sa mission. A Jésus qui lui demande d'avoir foi en lui, elle répond : Oui, Seigneur, je crois que vous êtes le Messie, le Fils de Dieu, qui êtes venu dans le monde !

A la vue de ce mort sortant de son sépulcre, l'émotion fut grande à Béthanie et se communiqua bien vite à Jérusalem. Beaucoup, parmi les Juifs mêmes, convaincus par l'éclat irréfutable de ce miracle, crurent au Messie. Les Pharisiens en furent promptement informés. Le cas était grave et ils opinèrent qu'il était urgent de réunir le Sanhédrin. Etait-ce pour y poser sérieusement la question de la personnalité de Jésus, de discuter et de résoudre, après un examen de bonne foi la question de savoir qui pouvait bien être en dernière analyse celui qui commandait si souverainement à la vie.

Pas le moins du monde. La haine des Pharisiens était réfractaire à tout raisonnement et à toute démonstration. Ils n'ont, dans cette nouvelle réunion, qu'un seul but: affermir leur résolution de se débarrasser de Jésus en le faisant périr, le plus promptement possible. Que ferons-nous, car cet homme fait de nombreux prodiges? Quel singulier état de conscience! Ils reconnaissent, ils avouent la puissance surnaturelle et miraculeuse de Jésus, et cette constatation même n'éveille chez eux qu'un désir plus forcené de le mettre à mort. Cependant, obéissant à cette loi que la passion, même la plus furieuse, a besoin de se colorer à elle-même ses actes d'apparence criminelle, ils ont trouvé une raison pour se justifier. — Si nous le laissons faire, se disent-ils, tous croiront en lui; et les Romains viendront et ils nous détruiront, nous, notre ville sainte et notre race. — Quels liens logiques imaginaient-ils de former entre ces deux termes? Pensaient-ils que Jésus, une fois assuré de la foi de la multitude, se laisserait proclamer roi et fournirait ainsi aux Romains une raison d'achever l'assujettissement et la destruction de la race juive? Il semble que quelques protestations s'élevèrent encore, dans le sein même du Sanhédrin, contre la décision partiale et illégale, de faire mourir Jésus, sans enquête et discussion préalable.

LE CONSEIL DU SANHÉDRIN.

Car Caïphe, qui remplissait, cette année-là, les fonctions de Grand-Prêtre se leva et, proféra, cette sentence : « Vous n'y entendez rien et vous ne distinguez pas qu'il est avantageux pour nous qu'un homme périsse pour le peuple et que toute la race ne soit pas détruite. »

Ce meurtre politique, ce parti pris d'immoler leur Messie sans vouloir discuter les titres de sa mission, ce Jésus qui se proclamaît le Messie, comme une victime expiatoire pour le salut de la race juive, fut la cause de la ruine de la partie incrédule de cette race qui ne trouva plus dès lors dans l'idée messianique qu'un objet d'égarement et de révolte. Mais l'évangéliste saint Jean fait observer qu'il s'accomplit à la lettre dans un autre sens. Caïphe, dit-il, prophétisait en des termes d'une exactitude impeccable, à raison de ses fonctions de suprême Pontife, que Jésus devait effectivement mourir pour le salut de ceux de sa race qui seraient fidèles à accepter sa mission messianique; et non seulement pour le salut des Juifs, mais pour rassembler en un seul troupeau tous les enfants de Dieu parmi la dispersion des Gentils.

En conséquence de cette réunion du Sanhédrin, la sentence fut arrêtée plus fermement que jamais de faire exécuter Jésus à la première occasion que l'on pourrait saisir.

Jésus, de son côté, avait choisi le lieu et l'heure de sa mort et résolu de se livrer lui-même à ses ennemis à Jérusalem, durant les fêtes de la Pâque. Donc, pour attendre ce temps, il gagna en secret, avec ses apôtres pour seuls compagnons, une petite région déserte aux environs de la ville d'Ephrem, et il y resta caché jusqu'aux approches de la fête.

TACTIQUE DE JÉSUS.

C'est ici le lieu d'analyser le plan et l'ordre de conduite observé par Jésus, vis-à-vis des Pharisiens, durant tout le cours de sa manifestation messianique. Il affirme toujours vis-à-vis d'eux, sans se lasser ni se troubler jamais, sa qualité de Maître de la doctrine, son titre de Messie et de Fils de Dieu. Jamais il n'essaye de conquérir sur eux une supériorité politique. Il reste le personnage humble, pacifique, dont la voix n'éclate pas en ordres impérieux sur la place publique, en verbes superbes de commandement, au milieu des assemblées populaires. Il répond aux plus injurieuses calomnies des

Pharisiens avec une imperturbable tranquillité; la puissance qu'il manifeste pour répandre des bienfaits autour de lui, guérir les malades, redresser les boiteux, illuminer les aveugles, délivrer les possédés, ressusciter les morts, ne paraît plus dans les cas où il est question de se défendre lui-même contre les embûches et les complots de ses implacables et mortels ennemis.

C'est par des marches et des contre-marches habiles qu'il se dérobe à leur haine, quittant la Judée, lorsque Jean-Baptiste est en prison, puis se retirant dans le pays de Tyr et de Sidon durant les troubles de la Galilée, passant des Etats d'Hérode Antipas dans ceux de Philippe, lorsque l'incestueux prince, ayant, sur les excitations d'Hérode, fait couper la tête à Jean-Baptiste, il y a lieu de craindre que les perfides conseils des Pharisiens ne le portent à infliger un sort semblable à Jésus. A Jérusalem même, longtemps il se fait un bouclier contre les complots des Pharisiens, de la faveur du menu peuple qu'il sait intéresser à sa cause, de la fidélité de ses chers pèlerins de Galilée, âmes dévouées et intrépides de la part desquels les chefs du peuple et les Grands-Prêtres redoutent un soulèvement dans le cas où ils oseraient publiquement et en plein jour, mettre la main sur celui qu'ils révèrent et chérissent comme leur Prophète. Deux fois, dans le temple, Jésus échappe à la lapidation, aux mains des Pharisiens déjà levées contre lui, en s'esquivant habilement et en se perdant au milieu de la foule pour leur échapper. Jamais, dans sa propre cause, sauf une exception lorsqu'on vient l'arrêter au jardin des Oliviers, on ne voit Jésus faire appel à sa puissance surnaturelle, reconnue même de ses ennemis, puisqu'ils cherchaient à en dénaturer injurieusement le principe.

Cette tactique de Jésus, ce parti pris de sa part de rester, vis-à-vis des Pharisiens, dans ses démêlés avec eux, un simple Nazaréen, sans supériorité visible, sans parti politique, sans clients autres que de pauvres Galiléens de la classe populaire, comme lui, sans manifestation d'une puissance de châtier ses adversaires et ses ennemis reconnus, enhardit ceux-ci à se porter contre lui aux dernières extrémités et à surmonter en définitive la peur qu'ils en avaient. Même après ce dernier complot du Sanhédrin assemblé, après cette sentence de Caïphe, couvrant leurs résolutions de bourreaux sous le prétexte toujours plausible du salut public; lorsque Jésus, parfaitement averti et renseigné, s'est retiré et caché secrètement dans le désert d'Ephrem, cette peur qu'ils ont de Jésus, de leur victime décrétée, les tient et les tenaille encore. Ils sont d'accord d'en finir avec lui au plus vite. « Pourtant, disent-ils, il faut que nous attendions après la fête de Pâque, de peur que dans cette immense assemblée de pèlerins, au milieu de ce concours de peuples de tous les pays et sourtout de Galiléens, parmi lesquels il compte beaucoup de partisans, il ne se produise en sa faveur un soulèvement qui nous écraserait nous-mêmes sous le poids de la fureur populaire. »

Il faudra que, usant très sciemment de la trahison de Judas, son indigne apôtre, Jésus qui, lui, n'a pas peur, ne tremble pas et s'en va dans la sérénité d'une vision sans voiles, à la mort comme à la consécration nécessaire de sa mission messianique, se livre lui-même dans l'obscurité, dans l'isolement, au milieu de la nuit, pour que les Pharisiens s'enhardissent enfin à réaliser leur projet homicide.

Cette attention de Jésus à rester dans le plan humain, à laisser agir vis-à-vis de lui le jeu de la volonté humaine dans sa double manifestation de bonté ou de malice, d'amour ou de haine a été admirablement saisie et exprimée par Pascal.

« Il n'était pas juste, écrit-il en résumant la manifestation historique et terrestre de Jésus, le Messie, il n'était pas juste qu'il parût d'une manière manifestement divine et absolument capable de convaincre tous les hommes; mais il n'était pas juste aussi qu'il vînt d'une manière si cachée

qu'il ne pût être reconnu de ceux qui le cherchaient sincè-
rement. Il a voulu se rendre parfaitement connaissable à
ceux-là; et, ainsi, voulant paraître à découvert à ceux qui
le cherchaient de tout leur cœur et caché à ceux qui le
fuient de tout leur cœur, il tempère sa connaissance, en
sorte qu'il a donné des marques de soi visibles à ceux qui
le cherchent et obscures à ceux qui ne le cherchent pas. Il
y a assez de lumière pour ceux qui ne désirent que de voir,
et assez d'obscurité pour ceux qui ont une disposition contraire. »

(Cité par Fouard, *Vie de N.-S. J.-C.*, II, p. 153, 1889.

L'ÉCOLE APOSTOLIQUE.

La préoccupation principale de Jésus durant ce séjour de
18 mois en Galilée paraît avoir été la formation et l'éducation de son école apostolique, c'est-à-dire de ce petit groupe
choisi de disciples dont il fit ses compagnons inséparables,
auxquels il communiqua plus intimement sa doctrine, ses
pensées, l'explication de ses paraboles, dont il fortifia la
foi, la confiance inébranlable en sa personne, par des prodiges particuliers, qu'il mit dans la confidence, à plusieurs
reprises, des souffrances et de la mort qui l'attendaient, leur
laissant pour consolation les promesses prophétiques de sa
résurrection.

Pour eux, cessant d'attendre exclusivement les moyens
nécessaires à la subsistance quotidienne de la générosité spon-
tanée de ceux qui suivaient ses enseignements, il constitue une bourse commune.

Ce fut quelques semaines après la seconde Pâque qu'il
choisit parmi la foule des disciples ses douze compagnons
qu'il nomma lui-même ses apôtres (Luc, VI, 12; Marc, III,
13-19; Matt., X, 1 ssv.). Quelque part que Jésus porte ses
pas, dans les villes, dans les bourgades, les douze sont avec
lui et ne le quittent plus (Luc, VIII, 1).

C'est à eux qu'il appartient de connaître les mystères du royaume de Dieu (Luc, VIII, 10); et en conséquence, Jésus leur donne la clé des paraboles, spécialement de celles du Semeur du champ d'ivraie, du filet jeté dans la mer pour la capture des poissons (Luc, VIII, 9 ssv.; Matt., XIII, 10 ssv.). Et il leur déclare heureux leurs yeux qui voient, heureuses leurs oreilles qui entendent. Car beaucoup de prophètes et de justes ont désiré avoir ce spectacle et ne l'ont pas vu, entendre ces paroles et ne les ont pas perçues.

Il veut leur faire faire lui-même leur noviciat de prédicateurs, et les forme à cette sublime mission qu'ils auront à remplir, par tout le monde, lorsque lui-même sera remonté vers son Père. Il leur donne puissance et autorité sur les démons et de guérir les maladies. Et il les envoie par les villes et les bourgades de Judée, de la Galilée, « prêcher le royaume de Dieu et guérir ceux qui sont malades. » Il fait pour eux ce code de renoncement à toute propriété terrestre, de détachement et de confiance inébranlable dans la bonté et dans la Providence du Père des Cieux, qui fera jusqu'à la fin des temps la force merveilleuse des apôtres de l'Evangile (Luc, IX, 1 ssv.). Là où ils trouveront une hospitalité charitable, ils resteront. Si quelque ville ne veut pas les recevoir, ils secoueront contre elle la poussière de leurs pieds en témoignage contre ses habitants (Luc, IX, 1 ssv.).

« En vérité, je vous le dis »; Jésus emploie sa formule d'affirmation la plus solennelle, « il y aura plus de commisération pour la terre de Sodome et de Gomorrhe, au jour du jugement que pour cette ville-là. Voici que je vous envoie comme des moutons au milieu des loups; soyez donc avisés comme des serpents, simples comme des colombes. Gardez-vous des hommes. Ils vous traîneront devant les sanhédrins, vous flagelleront dans leurs synagogues. Vous serez cités et condamnés devant les tribunaux des préfets et des rois à cause de moi, en témoignage vis-à-vis d'eux et des nations. Lorsqu'ils vous traduiront, ne vous préoccupez pas de ce que vous direz; il vous sera, à ce moment, donné ce qu'il faut répondre; car ce n'est plus vous qui parlerez, mais l'Esprit de votre Père qui parlera en vous. » Il leur fait ensuite, en raccourci, le tableau prophétique des divisions et des luttes mortelles que l'opposition à sa doctrine suscitera dans le monde, entre frères, même entre fils et parents, des haines qui surgiront partout contre les prédicateurs de la doctrine du Christ. Quand une ville ne voudra plus les supporter et les chassera, qu'ils se dirigent vers une autre; ils n'achèveront leur mission successive dans toutes les villes d'Israël que lorsque viendra le Fils de l'Homme dans sa manifestation glorieuse et dernière du Juge suprême des vivants et des morts.

En attendant, ils ne seront pas mieux traités que leur Maître. Comme lui, ils seront calomniés, qualifiés de Belzébub. Mais ne les craignez pas; rien n'est si caché qu'on ne le mette un jour à découvert, si profondément enfoui, qu'on ne le retrouve. Ce que je vous dis dans l'ombre, dites-le dans la lumière; ce que je vous murmure à l'oreille, prêchez-le sur les terrasses. Et ne craignez pas ceux qui tuent le corps mais ne peuvent pas détruire l'âme. Craignez plutôt celui qui peut perdre le corps et l'âme dans la géhenne. Il leur inculque à nouveau la confiance dans la Providence du Père qui ne laissera pas tomber un cheveu de leur tête sans son agrément. « Quiconque, ajoute Jésus, me confessera devant les hommes, je le confesserai devant mon Père dans les Cieux. Et quiconque me reniera devant les hommes, je le renierai aussi devant mon Père dans les Cieux. » Qu'ils ne s'étonnent pas des divisions nécessaires que suscitera sa doctrine : « Car qui aimera son père ou sa mère plus que moi, n'est pas digne de moi; qui aime son fils ou sa fille plus que moi, n'est pas digne de moi. Et celui qui ne prend pas sa croix et ne suit pas derrière moi, n'est pas digne de moi. Celui qui cherche sa vie la perdra et celui qui perdra sa vie à cause de moi la trouvera. »

Puis afin d'exciter la générosité et la charité de ceux vers qui il envoie ses apôtres, voués à la pauvreté et dépourvus de tout, il ajoute : « Celui qui vous reçoit me reçoit, et, avec moi, le Père qui m'a envoyé. Celui qui reçoit le Prophète en raison de son titre de prophète participera à la récompense du prophète; et celui qui reçoit un juste à raison de son titre de juste participera à la récompense du juste. Et celui qui abreuvera la soif d'un de ces petits par un verre d'eau en raison de son titre de disciple, je vous le dis en vérité, il ne perdra pas sa récompense » (Matt., X).

A leur retour, il modère leur enthousiasme au sujet des merveilles qu'il leur a donné d'accomplir et les emmène pour qu'ils se puissent recueillir, dans un endroit désert de la banlieue de Bethsaïda.

C'est avec le concours et par le ministère de ses apôtres que Jésus opère les deux miracles de la multiplication des pains; la première fois immédiatement après leur retour de leur excursion apostolique, la seconde, lors du retour en Galilée, après le séjour dans le pays de Tyr et de Sidon. (Marc, VI, 30 ssv.; VIII, 1).

Si les Pharisiens les attaquent parce qu'ils suivent l'exemple de leur Maître, par exemple, lorsqu'ils se mettent à table chez les Pharisiens, sans s'être auparavant lavé les mains, Jésus prend d'autorité leur défense. Il leur explique en particulier la sentence par laquelle il affirma que ce n'est pas ce qui entre par la bouche, mais ce qui en sort, qui souille l'homme, car c'est par les lèvres que s'exhalent et se manifestent le plus distinctement toutes les passions et les souillures de l'âme, les adultères, les fornications, les meurtres, les larcins, les préjudices, les méchançetés, les fraudes, les impurs propos, les jalousies, les blasphèmes, les mépris, les grossièretés (Marc, VII, 1-23).

De même il leur développe en particulier ses formules sur l'inviolabilité du mariage (Marc, X, 10-12).

Et Jésus examine à cette occasion la doctrine de la virginité.

Sur la difficulté pour les riches d'entrer dans le royaume (Marc, X, 24-27).

A cette occasion, il leur annonce la magnifique récompense qu'il leur réserve à eux-mêmes en retour de la générosité qu'ils ont eue d'abandonner tout pour le suivre (Marc, X, 28-31).

Pour affermir la foi de ses apôtres, leur attachement à sa personne, Jésus fait pour eux des miracles spéciaux, opère des prodiges dont le seul but est de leur manifester sa puissance souveraine de Messie et de Fils de Dieu. Il calme la tempête, marche sur les flots pour les rejoindre; plus tard, il tardera pendant trois jours à répondre à l'appel de Marthe pour que la résurrection de Lazare, après quatre jours de sépulture, devienne, aux yeux de ses apôtres, un témoignage plus convaincant. Il donne encore, par un choix plus privé à Pierre, à Jacques et à Jean, une manifestation de sa gloire, comme Fils de Dieu, dans sa Transfiguration sur la montagne.

Il avait aussi admis exclusivement ces trois privilégiés à être témoins de la résurrection de la fille de Jaïre.

Jésus, en qualité d'éducateur de ses apôtres, s'applique à corriger leurs défauts et leurs travers de caractères, rabaisse leur amour-propre, leurs émulations jalouses (Matt., XVIII, 1 ssv.); élargit leurs pensées un peu étroites, sur la mesure dans laquelle il faut pardonner, leur enseigne la bienveillance envers la foule, envers les petits (Matt., XVIII, 21) et les enfants (*ibid.*, XIX, 13); condamne les mouvements inspirés par l'idée d'une justice vindicative (Luc, IX, 50). Il leur enseigne la doctrine du pouvoir chrétien qui n'est élevé que pour servir ses inférieurs (Matt., XX, 25); la discrétion en leur imposant de garder le secret jusqu'après sa résurrection de certaines manifestations spéciales dont il les a favorisés; il les prémunit contre les enthousiasmes inopportuns en leur défendant de publier inconsidérément et à tout propos qu'il est le Messie (Matt., XVI, 20).

Au retour de l'excursion dans la région de Césarée de Philippe, après la Transfiguration, Jésus commence à préparer ses apôtres aux douloureuses émotions de sa Passion et de son supplice.

Il leur rappelle la haine mortelle contre lui des chefs du peuple, des Grands Prêtres et des scribes, leur annonce qu'ils le tortureront et le feront mourir à Jérusalem; mais qu'il ressuscitera le troisième jour. Et, comme à ce moment, Pierre abusant de la familiarité à laquelle l'a accoutumé la bonté de son Maître, oubliant sa qualité de disciple, se permet de lui faire des représentations qui vont presque jusqu'aux reproches : « Ayez pitié de vous, Seigneur; non, cela n'arrivera pas pour vous. » Jésus le rappelle sévèrement à la docilité et au respect qui conviennent à un disciple : « Arrière, loin de moi, Satan ! » Il l'éloigne exactement par les mêmes termes dont il s'était servi contre le tentateur lui-même (Matt., IV, 10). Et il en donne la raison : « Tu m'es un scandale, parce que tu n'as pas en vue les choses de Dieu, mais les intérêts des hommes » (Matt., XVI, 21-23).

Combien de pasteurs n'ont pas su imiter le geste énergique de Jésus ! Combien, par condescendance pour un amour trop humain des affections terrestres, des considérations de repos facile, d'intérêts domestiques ou corporatifs, se sont laissé tomber sur cette pierre d'achoppement, et ne sont pas montés à Jérusalem, c'est-à-dire au milieu des rangs des ennemis de l'Evangile, pour y porter l'affirmation nécessaire de la vérité, au risque de mourir pour elle !

Cette sévère correction de Jésus à l'égard de son apôtre était d'autant plus significative qu'elle suivait de très près et peut-être dans la même journée, les éloges et les promesses de primauté que Jésus lui avait faites, en récompense de sa confession de foi à la person.e du Messie.

Après que Jésus eut terminé une prière solitaire, ses apôtres se rassemblèrent autour de lui et il les interrogea sur les bruits divers qu'ils avaient recueillis au sujet de sa personne, durant leurs courses apostoliques. Ils lui répondirent que les uns disaient qu'il était Jean-Baptiste; d'autres, Elie, d'autres, Jérémie ou l'un des anciens Prophètes qui était ressuscité. « Et vous, leur demanda-t-il, qui dites-vous que je suis? » Simon Pierre lui répondit aussitôt : « Vous êtes le Christ, le Fils du Dieu vivant ». Jésus lui repartit : « Tu es bienheureux, Simon Bar-Jona, car ce n'est ni la chair ni le sang qui s'est révélé en toi, mais mon Père qui est dans les Cieux. Et moi je te dis que tu es Pierre et sur cette pierre je bâtirai mon Eglise et les portes de l'abîme ne l'emporteront pas sur elle. Et je te donnerai les clefs du royaume des cieux, et tout ce que tu lieras sur la terre sera lié dans le ciel, et ce que tu délieras sur la terre sera délié dans le ciel ». Et ensuite il commanda à ses disciples de ne dire à personne qu'il fût le Messie (Matt., XVI, 13; Marc, VIII, 27; Luc, IX, 18 etc.).

A différentes reprises il renouvela les prédictions de sa prochaine Passion, auxquelles l'affection trop humaine de ses apôtres s'obstinait à ne rien comprendre; il leur annonce même que ce sera par le supplice ignominieux de la croix que ses ennemis achèveront leurs complots contre lui. Il leur décrit d'avance, dans chacun de leurs détails, toutes les scènes de son supplice. « Voici que nous montons vers Jérusalem, et le Fils de l'homme sera livré aux Grands Prêtres et aux scribes; ils le condamneront à mort, le livreront aux païens. Et ils l'enchaîneront, le flagelleront, lui cracheront au visage et le livreront à la mort; et il ressuscitera le troisième jour. » (Marc, X, 32 ssv.; Matt., XX, 17).

Dans ces avertissements, les deux frères apôtres Jacques et Jean ont remarqué surtout l'annonce finale de la résurrection.

Pour eux, cette résurrection, cela ne fait pas de doute, sera la glorieuse et immédiate manifestation de l'empire terrestre du Messie. Il importe donc de s'y assurer, avant tous les autres, les premières places. Ils demandent donc ou font demander par leur mère, ce qui revient au même, d'y être assis à la droite et à la gauche de Jésus (Marc, *ibid.*, 35).

Jésus réprime leur orgueilleuse ambition et leur fait entrevoir dans l'avenir, au lieu de brillantes situations, la participation à ses douleurs et à sa Passion. Et comme les autres apôtres, informés des jalouses prétentions des deux frères, s'emportent contre eux, Jésus rappelle à tous quelle sera la nature du pouvoir chrétien, c'est-à-dire l'obligation pour les supérieurs de devenir les serviteurs de leurs frères (*ibid.*, 35, sv.)

Enfin, sous le coup de ces avertissements répétés de Jésus, après avoir assisté, à Jérusalem, aux tentatives deux fois répétées par les Juifs pour lapider Jésus, les apôtres ont compris que la mort de leur Maître est irrévocablement décidée par les chefs de leur nation, et toutes leurs tentatives désormais se bornent à l'empêcher d'aller se mettre entre les mains de ses mortels ennemis. Lorsque Marthe leur délègue un messager, au delà du Jourdain, dans le pays de la Pérée où il s'était retiré, et que Jésus manifeste l'intention de se rendre à son appel, les apôtres lui font cette observation : « Maître, les Juifs ne cherchaient tout dernièrement qu'à vous lapider, et de nouveau, vous allez là ! » Désolés de ne pouvoir le faire revenir sur sa décision très arrêtée, ils se déclarent, par la bouche de leur collègue Thomas, prêts à l'accompagner pour mourir avec lui (Jean, XI, 1-17).

En effet, ils suivent à Béthanie leur Maître, qui opère, sous leurs yeux, le miracle saisissant de la résurrection de Lazare ; seuls avec lui, pendant que les soixante-dix disciples sont envoyés faire, eux aussi, une tournée d'évangélisation, ils se retirent dans la solitude d'Ephrem pour fuir la haine des Pharisiens, plus acharnée que jamais.

Ils reviennent avec Jésus à Jérusalem, sont les compagnons de son triomphe à l'entrée de cette ville, les témoins de son autorité dans le temple, d'où il expulse une seconde fois les vendeurs, des derniers miracles qu'il y accomplit (Matt., XXI, 1-17).

Ils mangent avec lui la dernière Pâque et reçoivent de lui, dans les épanchements d'un amour infini, ses dernières instructions et ses confidences testamentaires.

C'est ainsi que Jésus achevait d'instruire ses apôtres, par des procédés qui restent toujours dans le plan humain, agissant près d'eux comme un Maître visible, par sa parole, ses discours, ses explications logiques. On ne voit pas qu'il y ait eu dans leurs esprits d'illuminations extraordinaires et surnaturelles, de visions imaginatives se produisant en dehors de la volonté. La vision même de Pierre, Jacques et Jean paraît avoir été une vision objective, et dont les témoins n'eurent qu'imparfaitement conscience dans l'état de torpeur et de demi-sommeil où ils se trouvaient.

Après la descente du Saint-Esprit seulement, s'ouvrira pour les apôtres la période des moyens d'enseignements surnaturels, des visions envoyées d'en haut, des extases, des révélations qui illumineront, et inspireront leur conduite et leurs actions. Tant que Jésus reste au milieu d'eux, c'est par l'enseignement oral, la continuité des leçons, qu'il agit sur leur intelligence.

Cet enseignement de Jésus se heurtait, chez ses élèves, aux préjugés les plus invétérés. Par leurs rêves toujours renaissants de royaume temporel, de suprématie terrestre de leur race, ils étaient on ne peut plus éloignés de la notion et de l'intelligence de ce royaume tout spirituel, situé hors du monde, que le monde ne comprendrait pas, qui s'agrégerait par la rémission des péchés, la recherche de la justice, par l'amour de Jésus et l'amour mutuel des enfants du royaume. Enfin, si fermée que fût souvent leur intelligence aux enseignements du Maître, ils avaient cru à sa

parole, cru selon la profession de foi de Pierre qu'il était le
Messie, Fils du Dieu vivant.

Jésus lui-même nous a laissé, pour ainsi dire, le bulletin
de ses élèves, et il a constaté les progrès de leur intelligence
sous l'effort de ses leçons. « J'ai manifesté, dit Jésus, dans
la sublime prière qu'il adressa à son Père, après la Cène,
j'ai manifesté votre nom aux hommes que vous m'avez donnés
après les avoir tirés du monde; ils étaient à vous, et vous
me les avez donnés, et ils ont gardé votre parole. Maintenant
ils ont *connu* que tout ce que vous m'avez donné vient de
vous. Car les paroles que vous m'aviez données, je les leur ai
données; ils les ont reçues et ils ont *connu* véritablement
que je suis venu de chez vous et que vous m'avez envoyé »
(Jean, XVII, 6-8). Et Jésus les confie à son Père, afin qu'il
les garde tous, sauf le fils de la perdition qui s'est perdu
afin que la prophétie des Ecritures fût accomplie (*ibid.*, 12).

L'œuvre de Jésus sur la terre était désormais assurée;
il laissait une école remplie de sa doctrine, de son amour,
de la foi en sa mission, de la confiance en son Père et
en lui. Elle pourrait être bouleversée un moment par l'hor-
reur toujours incomprise de son supplice, il pourrait être
un moment abandonné, délaissé par eux, renié même par
Pierre qui s'était toujours montré le plus ardent dans ses
démonstrations de fidélité. Mais cette surprise de l'épouvante serait passagère, et Jésus était sûr de ressaisir, par
un simple regard, à la première manifestation de sa puissance
toujours vivante, les intelligences et les cœurs qui étaient bien
à lui. Jésus pouvait mourir, la survivance de son œuvre était
assurée. Il avait confié à son Père, qui ne les laisserait pas
périr, ceux qu'il lui avait donnés.

Aux approches de la fête de Pâque, Jésus quitta sa retraite
d'Ephrem et se mit ostensiblement en route pour Jérusalem.
Il prit à part ses douze apôtres et les prévint qu'il
marchait au supplice. « Voici, dit-il, que nous montons à
Jérusalem, et tout ce que les prophètes ont écrit au sujet

du Fils de l'homme, va s'accomplir. Il sera livré aux païens, enchaîné, abandonné aux outrages, couvert de crachats. Après l'avoir flagellé, ils le crucifieront; mais il ressuscitera le troisième jour (Luc, Matt., XX, 17; Marc). Les apôtres entendaient bien ces paroles, mais toujours préoccupés de leur rêve de la manifestation d'un royaume temporel et de la puissance extérieure du Messie, ils n'en comprenaient que très imparfaitement le sens.

Ce qui contribuait à troubler leurs idées, c'était l'attitude de leur Maître. Ils remarquaient en lui une résolution, un empressement extraordinaires qui le faisaient « aller de l'avant » (Marc, X, 32), pendant qu'eux-mêmes, tout effrayés des dangers du voyage, n'auraient pas mieux demandé que de retourner en arrière.

Toute la prudente réserve à laquelle s'était assujetti Jésus durant les semaines précédentes, a disparu. Il ne se cache plus; sa puissance divine se manifeste de nouveau. Au passage de Jéricho, il guérit deux aveugles, dont l'un était Bar Timée qui, en apprenant que c'était Jésus de Nazareth qui passait, se mit à lui crier de toutes ses forces : « Jésus, fils de David, ayez pitié de moi! » Jésus l'appelle et l'aveugle, jetant son manteau pour mieux courir, se prosterne aux pieds du Messie qui accepte ce geste d'adoration, le guérit et le laisse se ranger ensuite parmi les disciples qui le suivent, pendant que la foule émerveillée publie les louanges de Dieu (Luc, XVIII, 35; Marc, X, 46-52). C'est durant le passage à Jéricho qu'il remarque la bonne volonté de Zachée et le récompense en lui apportant, avec sa présence dans sa maison, la foi promise aux véritables enfants d'Abraham.

LE RETOUR A JÉRUSALEM. — LE TRIOMPHE.

De nouveau, la foule des disciples est enthousiasmée. Plus l'on approche de Jérusalem, plus ses rêves sur la manifestation temporelle du Messie se réveillent; il n'y a plus de doute, c'est à la suite de ce voyage à Jérusalem que l'événement attendu va se produire (Luc, XIX, 11). Les ambitions s'exaltent déjà parmi les apôtres, et c'est en ce moment que les deux fils de Zébédée font demander par leur mère d'avoir les deux premières places aux côtés du Messie dans son royaume.

Jésus leur promet seulement de les associer à ses souffrances et de leur faire partager le calice de sa Passion. Il calme l'irritation des autres apôtres indignés de l'ambition envieuse des deux fils de Zébédée, en leur rappelant la doctrine du pouvoir nouveau qu'il vient établir dans l'humanité et qui ne doit avoir pour objet que le service de ses frères.

Il réfute les rêves de la manifestation immédiate du règne messianique par la parabole du roi qui part pour un pays lointain, recevoir l'investiture de son royaume. Avant son départ, il confie à ses serviteurs des sommes d'argent à faire valoir durant son absence. A son retour, il récompense les serviteurs fidèles et livre à la hache du bourreau ceux qui se sont révoltés contre lui et n'ont pas voulu le reconnaître pour roi.

Pendant que Jésus accomplissait cette dernière course apostolique sur les chemins de Jérusalem, de nombreux pèlerins déjà rassemblés dans la ville sainte pour se préparer, par les purifications rituelles, à la célébration de la fête, discutaient sur la venue de Jésus. Oserait-il affronter la sentence de mort portée contre lui. S'abstenir, c'était donner raison à ses ennemis et détruire ses affirmations précédentes touchant son autorité messianique. Les opinions et les avis étaient donc partagés à ce sujet. Mais l'on connaissait l'ordre obligeant quiconque aurait connaissance de sa présence et de son domicile à le dénoncer aux pouvoirs publics afin que l'on procédât à son arrestation (Jean, XI, 55-57).

Le sixième jour avant la Pâque, Jésus arriva à Béthanie. Il descendit dans la maison de Simon le Lépreux pour y prendre son repas. Lazare, le ressuscité, était au nombre des convives et Marthe faisait le service. Marie-Madeleine, cependant, était prosternée de nouveau aux pieds de Jésus, et brisant un vase de parfum précieux, elle oignit les pieds du Messie et les essuya avec ses cheveux. Il y eut des murmures dans l'assistance à la vue de cette profusion. Judas, entre autres, se permit une réprimande publique. « Que n'a-t-on vendu ce parfum trois cents deniers pour en donner le prix aux pauvres! » Ce voleur qui ne se souciait nullement des pauvres eût voulu voir cette somme d'argent entrer dans la bourse commune d'où il eût pu ensuite l'escamoter à son profit.

Jésus prit la défense de Madeleine et ne craignit pas de prédire que son action serait louée par toute la terre, à mesure qu'on y publierait son Evangile.

Le bruit de la présence de Jésus s'étant vite répandu, avait occasionné le rassemblement autour de la maison, d'une foule nombreuse désireuse de le voir, et non moins curieuse de voir aussi Lazare, le ressuscité. C'était un témoin fort gênant pour les Pharisiens qui avaient même mis en délibération la question de le supprimer (Jean, XII, 10).

Cette réunion de Jésus et de Lazare raviva le souvenir du grand miracle récemment accompli et exalta l'enthousiasme populaire. La nouvelle de la présence du prophète de Nazareth fut rapidement connue à Jérusalem, les bruits de la manifestation décisive du Messie circulèrent dans les foules et, par suite d'un de ses entraînements subits d'opinion, le peuple résolut de lui faire une entrée triomphale. On se précipita en foule sur la route de Béthanie, avec des palmes et des rameaux d'olivier (Jean, XII, 13-14).

Il entrait dans les plans de Jésus de se prêter à cette manifestation de sa personnalité messianique. Il se fit amener par ses apôtres une ânesse et son jeune poulain, monta sur celui-ci et prit au milieu de ce cortège la route de Jérusalem. L'enthousiasme croissait de minute en minute. On tapissait la route avec les manteaux au devant des pas de Jésus, on la semait de palmes et de lauriers.

Lorsqu'on fut arrivé au bas de la montagne des Oliviers, tous les disciples commencèrent à l'envi à chanter des hymnes mélangés d'acclamations en l'honneur de l'humble triomphateur : « Béni *le roi* qui vient au nom du Seigneur (Luc, XIX); paix dans le ciel, gloire au plus haut des cieux! Louange et bienvenue à la royauté de notre père David. Hosanna au plus haut des cieux! » (Marc, XI, 11).

Les Pharisiens enrageaient. Quelques-uns d'entre eux, mêlés à la foule, osèrent même s'approcher de Jésus et lui dire : « Maître, mais faites donc taire vos disciples! » Il leur repartit: « S'ils se taisent, les pierres elles-mêmes crieront. » En même temps qu'il prononçait ces mots, une émotion indicible s'emparait de Jésus; il était alors aux portes de la ville, alors brillante et tumultueuse, orgueilleuse de la splendeur de son temple et de la force de ses remparts. Il aperçut dans la claire vision de l'avenir, le temple incendié et détruit, sans qu'il en restât pierre sur pierre; les murailles renversées et la ville rasée; il entendit cette voix plaintive des ruines proclamant la terrible rigueur du châtiment contre cette ville qui allait le méconnaître et le renier après une heure d'enthousiasme. Cette effroyable perspective lui arracha d'amères larmes et ces cris de plainte, cette douloureuse apostrophe à Jérusalem : « Oh! si tu pouvais connaître, ne fût-ce qu'à partir de ce jour, ce qui peut te donner la paix! Mais cela est à présent caché à tes yeux. Des jours viendront sur toi, où tes ennemis t'enfermeront dans un filet, feront autour de toi une enceinte de circonvallation, et te tiendront de tous côtés. Et ils te détruiront, toi et tes enfants, et ils ne laisseront pas en toi pierre sur pierre, parce que tu n'as pas connu le temps de ta visitation » (Luc, XIX, 41-43).

Quand le cortège entra dans Jérusalem, la ville entière fut instantanément dans les rues. On se demandait: Qu'y a-t-il? Qui donc entre ainsi? Et les foules répondaient : C'est

II. — **Histoire Juive.**

Jésus le prophète, celui qui est de Nazareth, en Galilée.

Porté par la foule de plus en plus nombreuse et enthou-siaste, Jésus arriva jusqu'aux portes du temple. Là, il des-cendit de sa monture et entra dans le sanctuaire de Dieu.

Ce triomphe de Jésus eut lieu le lendemain du sabbat, le premier jour de la semaine, dans l'après-midi. Le parcours de Béthanie à Jérusalem, les ovations de la foule, avaient rempli toutes les heures de la soirée. Lorsqu'on fut arrivé au temple, le crépuscule commençait. Aussi Jésus, se conten-tant ce soir-là, « d'embrasser la maison de son Père d'un long et mystérieux regard » (Marc, XI, 11), s'en retourna avec ses douze apôtres, passer la nuit hors de la ville.

Si Jésus eut eu des pensées politiques, l'ambition de jouer un rôle temporel, de se créer un pouvoir terrestre, ce jour-là il était maître de la foule, il n'avait qu'à se prêter à ses espérances, à ses rêves de restauration du royaume d'Israël. Car c'étaient ces rêves même qui étaient au fond de cet en-thousiasme. Ce qu'on acclamait en lui, c'était le « roi » qui se « manifestait (Luc, IXX, 38); le royaume qui allait apparaître (Marc, XI, 10). Ce jour et les deux ou trois jours suivants « le peuple entier était suspendu à ses lèvres pour écouter ses discours » (Luc, XXI, 48; Marc, XI, 18). Les Pharisiens eux-mêmes avouaient leur défaite : « Vous le voyez, nous n'a-boutissons à rien; voici que tout le monde court après lui. »

LES LUTTES SUPRÊMES AVEC LES PHARISIENS.

Le lundi matin, il quitta Béthanie de bonne heure, à jeun, et reprit, avec ses apôtres, la route de Jérusalem. Che-min faisant, son appétit s'éveilla, il s'approcha d'un figuier qu'il avait aperçu de loin, pour chercher s'il y trouverait quelques fruits. L'arbre était couvert d'un riche feuillage, mais n'offrait pas un seul fruit comestible. Ce n'était d'ail-leurs pas la saison des figues. Jésus n'en maudit pas moins cet arbre par ces énergiques et étonnantes paroles : « Que

désormais, personne ne mange de tes fruits ! » Et l'évangéliste Marc, qui nous rapporte ce fait, ajoute que les apôtres
entendirent très nettement ces paroles de malédiction.

Jusqu'alors, Jésus n'avait jamais prononcé une sentence
effective de malédiction. Ses actes, ses paroles avaient toujours
eu des effets de bénédiction et de bienfaisance. S'il avait
parlé de menaces, de malédiction, dans son second rôle messianique, en sa qualité de Juge suprême, ce n'était que pour
un avenir lointain, à l'époque de la consommation des choses.
Jésus paraît avoir voulu démontrer à ses apôtres, par un
exemple objectif que sa puissance de condamner était aussi
grande que sa puissance de pardonner et de bénir ; il choisit
cet arbre pour en faire un symbole du sort réservé à ceux
qui mériteraient sa condamnation.

Le lendemain matin, quand ils repassèrent en ce même
endroit, l'arbre était complètement desséché. Les apôtres de
Jésus le firent remarquer au Maître. Il en profita pour leur
rappeler l'efficacité de la foi et de la prière ; de cette foi
intrépide qui dit à une montagne : « Ote-toi de là et va te
jeter à la mer », de cette prière confiante, accompagnée de
miséricorde et de pardon des injures auquel le Père qui
est dans les cieux ne peut rien refuser. (Marc, XI, 12-15 ;
20-26).

Arrivé à Jérusalem, Jésus entra immédiatement dans le
temple. Dès la veille, il avait constaté qu'on avait de nouveau fait un marché public d'une partie des portiques. Une
seconde fois il chassa les vendeurs et les marchands de
l'intérieur du temple, renversa les tables des changeurs, les
étalages des vendeurs de colombes. Il ne permettait même pas
de traverser le temple avec un ustensile dans les mains (Marc,
XI). Il est décrété dans les saintes Ecritures, disait-il, que :
« Ma maison sera une maison de prières, et vous, vous en
avez fait une caverne de voleurs ». Ensuite, des aveugles,
des boiteux qui se trouvaient dans l'enceinte, s'approchèrent de lui et il les guérit tous (XXI, 14). L'enthousiasme

redoubla, et les enfants mêmes, avec la spontanéité et l'inconsciente audace qui caractérisent cet âge, se mirent à l'acclamer et à crier : « Hosanna au fils de David ! » La rage des Pharisiens redoublait ; une seconde fois, ils s'approchèrent de Jésus : « Tu entends, lui dirent-ils, ces cris et ce qu'ils disent. » Jésus leur répondit : « Oui, mais vous, n'avez-vous pas lu dans les saintes Ecritures : Par la bouche des enfants et des jeunes gens, j'achèverai la louange » (Matt., XXI, 16). Furieux de n'avoir rien à répondre à des textes si précis et si bien en situation, les Docteurs, les Grands Prêtres cherchaient avec plus d'acharnement que jamais un moyen de le perdre ; et ils ne pouvaient se résoudre à rien ; « car ils avaient peur de lui tant que la foule était transportée par son enseignement ». (Marc, XI, 11-19). Jésus resta tout ce jour dans le temple, et le soir venu, il alla avec ses apôtres, passer la nuit sur le mont des Oliviers.

Le mardi matin, ils revinrent à Jérusalem et rentrèrent au temple. Les Grands Prêtres, les Docteurs, les Anciens avaient, durant la nuit, dressé leurs plans ; il fallait à tout prix briser l'autorité des enseignements de Jésus près du peuple, le compromettre par des questions insidieuses, essayer de lui arracher quelque parole imprudente que l'on pourrait tourner contre lui, sur laquelle on pourrait échafauder une accusation de séduction ou d'excitation à la révolte contre les Romains.

Ce plan fut poursuivi avec une obstination féroce durant toute cette journée du mardi. Les ennemis de Jésus, Grands Prêtres, Scribes, Chefs du peuple, Pharisiens, Sadducéens, Hérodiens, oubliant leurs rivalités, leurs dissensions réciproques, se coalisèrent, se rallièrent pour harceler Jésus, pour l'attaquer sous toutes les faces, pour le fatiguer de questions insidieuses et lui arracher une parole imprudente dont ils pourraient se faire une arme contre lui.

Ce furent les Grands Prêtres, les Scribes, les Chefs du peuple qui commencèrent ce duel tragique. Ils voulurent agir

d'autorité avec Jésus et l'interpellèrent comme des juges font
d'un justiciable. Faisant allusion à l'expulsion faite la veille:
« Au nom de quelle puissance, lui dirent-ils, faites-vous ces
exécutions? Et qui vous a donné le pouvoir d'agir ainsi? »

« A votre question, repartit Jésus, je répliquerai, moi aussi,
par une question. Répondez-y, et, à mon tour, je vous donnerai l'explication que vous me demandez, et vous révélerai
au nom de quelle puissance j'agis. Voici ma question: Le
baptême de saint Jean était-il du ciel, ou bien était-ce une
invention humaine? Répondez-moi. » Et ces juges orgueilleux
et déconcertés, se consultaient entre eux et ne trouvaient rien:
« Car, s'avouaient-ils tout bas, si nous disons que le baptême
de Jean était du ciel, il nous répliquera : Pourquoi n'avez-
vous pas cru à la parole de Jean? Si nous disons que ç'a
été une invention humaine, toute cette foule qui va nous entendre, se jettera sur nous et nous lapidera. » Car ils savaient
que ce peuple avait conservé le souvenir de Jean comme celui
d'un véritable prophète.

Ces maîtres enquêteurs, ces Docteurs furent donc encore
une fois réduits honteusement au silence, obligés d'avouer
qu'ils n'avaient rien à répondre. Alors, moi non plus, leur
dit Jésus, je ne vous révélerai pas au nom de quelle puissance j'agis » (Marc, XI, 27-33).

Mais s'il refusa de répondre directement à leur question,
Jésus voulut cependant prouver aux Grands Prêtres et aux
Prêtres et aux Pharisiens qu'il avait la conscience très claire
de sa propre personnalité, la connaissance de ce qu'ils pensaient et de ce qu'ils étaient eux-mêmes dans le fond de leur
âme. Il eut recours à son procédé habituel de la parabole
et sous les voiles de l'apologue, fustigea l'hypocrisie de
ses ennemis, mit à nu leurs âmes de révoltés et d'assassins.
« Que penserez-vous, leur dit-il, des questions suivantes: Un
homme avait deux fils; il dit au premier: Mon fils, va-t-en
aujourd'hui travailler à ma vigne. Il répondit : Je ne veux
pas; puis, peu après, pris de repentir, il y alla. Le père

donna ensuite à son second fils les mêmes ordres. Il répondit : Me voici, mon père, et il n'alla pas au travail. Lequel des deux a accompli la volonté de son père ? » Ils lui répondirent : « Ça été le premier. » Jésus leur répliqua : « En vérité, je vous le dis, les publicains et les pécheresses entreront avant vous dans le royaume de Dieu. Car Jean est venu à vous pour vous ouvrir la voie de la justification, et vous n'avez pas voulu croire en lui. Au contraire, les publicains et les pécheresses publiques ont cru en lui, et vous-mêmes, après que vous les avez vûs vous donner cet exemple, vous n'avez donné aucun signe de pénitence et avez persisté dans votre incrédulité. Mais écoutez encore cette autre parabole : Un maître de maison avait planté une vigne, l'avait entourée d'une haie, y avait creusé un pressoir, élevé une tour de guet; il la confia ensuite à des vignerons et s'en alla hors de la contrée. Quand le temps de la vendange fut venu, il envoya quelques-uns de ses serviteurs vers les vignerons pour avoir livraison des fruits. Les vignerons se jetèrent sur ces serviteurs, battirent celui-ci, tuèrent celui-là, en lapidèrent un autre. Le maître envoya de nouveaux serviteurs en plus grand nombre que les premiers. Les vignerons les traitèrent comme ils avaient fait des envoyés précédents.

Le maître envoya en dernier lieu son propre fils, car il se disait : Ils respecteront du moins mon fils. — Mais quand les vignerons virent que c'était le fils de leur maître, ils se dirent entre eux : C'est l'héritier; venez, tuons-le et nous nous approprierons ainsi son héritage. Et se saisissant de lui, ils le traînèrent hors de la vigne et le tuèrent. Quand le maître de la vigne viendra, comment traitera-t-il ces vignerons ? » On lui répondit : « Il détruira ces méchants par des supplices dignes de leur malice; puis il confiera sa vigne à d'autres vignerons qui lui en livreront les fruits en leur saison. Jésus leur dit alors : « N'avez-vous pas lu dans les Ecritures : La pierre que les bâtisseurs ont rejetée est elle-même devenue la pierre d'angle; ç'a été l'œuvre du Seigneur et une chose merveilleuse visible à nos yeux. C'est pourquoi je vous le dis, conclut Jésus, le royaume de Dieu vous sera enlevé et il sera donné à une nation qui donnera à Dieu les fruits de ce royaume. Celui qui viendra tomber et se heurter contre cette pierre sera brisé; mais celui sur lequel elle tombera, cette pierre le purifiera.

Les Grands Prêtres et les Pharisiens comprirent très bien le sens de ces paraboles et de ces conclusions de Jésus. C'était eux qu'il désignait sous la figure de ce fils à l'obéissance hypocrite, qui ne faisait rien des ordres reçus; c'était bien eux, ces vignerons chargés de cultiver la vigne de Jéhovah, qui tuaient ses serviteurs les prophètes, et, qui, à cette heure-là même, n'attendaient qu'une occasion favorable pour se jeter sur le Fils de Dieu et le tuer à son tour. C'était eux qui étaient condamnés à se voir enlever le royaume de Dieu, et à le voir passer aux Gentils. Loin de reconnaître leur culpabilité si évidemment démasquée, ils accroissent leur fureur en proportion de leur confusion et, désespérés plus que jamais de mettre en défaut la sagesse et la clairvoyance de Jésus, de lui arracher un mot, un acte qui pût servir de prétexte à un grief d'accusation, ils ne songent plus qu'à trouver un moyen de s'emparer de lui et de le supprimer. Mais la peur, cette compagne vengeresse du crime les abat et les arrête; ils n'osent pas; ils craignent, s'ils mettent publiquement leur main sur Jésus, un soulèvement subit du peuple qui les massacrerait pour délivrer Jésus, révéré par lui comme un Prophète (Matt., XXI, 25-44; Marc, XII, 1-12; Luc, XX, 9-19).

S'ils pouvaient le faire arrêter par le procurateur romain lui-même, par Pilate? Ils concilieraient ainsi leur haine avec le souci très égoïste de ne pas exposer leurs précieuses personnes. La terreur du nom romain rendait un soulèvement peu probable dans le cas où des soldats romains arrêteraient eux-mêmes Jésus. Si, néanmoins, un soulèvement se produisait, il se tournerait alors, non pas contre eux, mais contre les soldats et contre le procurateur, et ce serait tout bénéfice, puisque le prisonnier deviendrait par là même irrévocablement compromis et que la haine de la Rome abhorrée s'allumerait encore plus vive dans l'âme populaire, sans qu'ils parussent y être pour rien.

Les Pharisiens cherchèrent donc et trouvèrent cet expédient. On envoya à Jésus des délégués soigneusement choisis qui se présenteraient à lui comme des Juifs pieux, sévères observateurs de la loi et tourmentés de scrupules sur la question de savoir si l'on pouvait, en conscience, oui, ou non, payer le tribut à César. C'était une question sur laquelle les docteurs juifs étaient partagés. Les Chefs des Prêtres, les Pharisiens espéraient que Jésus se prononcerait en patriote irréductible, qu'il ferait quelque allusion à sa royauté, à son royaume que le peuple de Judée et de Galilée venait d'acclamer. On envenimerait toute parole qui pourrait fournir un prétexte quelque peu plausible de formuler contre lui le grief d'excitation à la rébellion contre Rome et d'aspirations à la royauté. Pilate en serait immédiatement informé et mis en demeure d'agir (Luc, XX, 20).

Les espions subornés s'approchèrent de Jésus avec toute l'hypocrisie voulue et lui dirent : « Maître, nous savons que vous ne prononcez que des paroles de vérité, que vous enseignez toujours de même; vous ne faites pas acception de personnes; au contraire, vous enseignez avec vérité le chemin de Dieu. Nous est-il permis de donner le tribut à César, ou non ? » Jésus vit parfaitement et jusqu'au fond leur malice hypocrite et leur dit : « Pourquoi me tendez-vous un piège ? Montrez-moi le denier. De qui porte-t-il l'image et la légende ? » Ils lui répondirent : « De César. » « Rendez à César, leur dit-il, ce qui est à César, et à Dieu, ce qui est à Dieu. »

Ce n'est pas le lieu d'analyser et de développer cette formule à la fois si simple et si sublime qui a détruit l'absolutisme de l'État païen et fondé la liberté et l'inviolabilité de la conscience humaine vis-à-vis de n'importe quel pouvoir terrestre. Elle renversait, par son impeccable sagesse, le plan des Pharisiens. Leurs délégués, constatant qu'il était impossible d'arracher à Jésus, même par les surprises les plus habilement combinées, une seule parole prononcée publiquement et devant la foule qu'on pût exploiter contre lui, s'en retournèrent rendre compte de la façon étonnante dont Jésus avait déjoué leurs embûches.

Après la défaite des Pharisiens, les Sadducéens à leur tour entrèrent en ligne et vinrent poser à Jésus des questions qu'ils croyaient de nature à l'embarrasser. On sait que le nœud de leur division avec les Pharisiens consistait en ce que les Sadducéens niaient la résurrection. Ils proposèrent donc à Jésus la difficulté suivante qui était l'un des arguments classiques de leur école.

La loi du lévirat obligeait un frère à épouser la veuve de son frère décédé sans enfants, afin de lui susciter un rejeton qui serait réputé le fils et continuerait la famille du défunt. Or il advint qu'il y eut une famille de sept frères. Le premier mourut sans lui laisser d'enfants; le frère le plus âgé épousa sa veuve d'après les prescriptions de la loi et mourut également sans enfants. Le même fait se renouvela successivement pour les cinq autres, de façon que la femme resta la dernière, définitivement veuve et stérile. Dans la résurrection, demandaient alors les Sadducéens, duquel des sept sera-t-elle la femme? Ces hommes grossiers ne pouvaient imaginer une vie de résurrection autrement que semblable à la vie présente, avec la continuité de toutes les fonctions organiques actuelles, dans des conditions meilleures de paisible jouissance et d'imperturbable possession.

Jésus leur répondit : « Vous êtes dans l'erreur; vous ne connaissez ni les Ecritures ni la puissance de Dieu. Dans la résurrection, il n'y aura ni mariages, ni unions matrimoniales, mais les ressuscités seront semblables aux anges de Dieu. Pour ce qui concerne la résurrection des morts, n'avez-vous pas lu dans les Ecritures les paroles qu'elles prêtent à Dieu lorsqu'elles lui font dire: Je suis le Dieu d'Abraham, le Dieu d'Isaac, le Dieu de Jacob? Or, Dieu n'est pas le Dieu des morts, mais des vivants. » Quelques-uns des docteurs présents ne purent s'empêcher de s'écrier : Maître, vous avez admirablement bien répondu (Luc, XXII, 39).

Et une fois de plus, le peuple fut émerveillé de la sagesse de ses réponses (Matt., XXII, 23-33; Marc, XII, 18-2; Luc, XX, 27-40).

Les Pharisiens apprenant que Jésus a fermé la bouche aux Sadducéens, reviennent encore une fois à la charge et s'attroupent autour de Jésus. L'un d'eux, du nombre des docteurs de la loi, lui pose cette insidieuse interrogation : « Maître, quel est le grand commandement de la Loi? Jésus lui répondit : Tu aimeras le Seigneur ton Dieu, de tout ton cœur, de toute ton âme et de toute ta pensée. C'est là le premier et le grand commandement. Le second est semblable à celui-là: Tu aimeras ton prochain comme toi-même. Dans ces deux commandements sont résumés toute la Loi et les Prophètes (Matt., XXII, 34-40). Le docteur qui l'avait interrogé dit à Jésus: « Maître, vous avez admirablement répondu et avec une merveilleuse exactitude. Oui, Dieu est un, et il n'y en a pas d'autre que lui. L'aimer de tout son cœur, de toute sa conscience, de toute son âme, de toute sa force; aimer son prochain comme soi-même est supérieur à tous les holocaustes et aux sacrifices. Jésus voyant en lui cette intelligence raisonnable de la Loi, lui dit : « Vous n'êtes pas loin du royaume de Dieu (Marc, XII, 28-31). Le docteur répondit à cette indirecte invitation de Jésus? Il paraît avoir eu dans l'approbation qu'il fit de la réponse de Jésus, la pensée de renchérir sur lui, d'accentuer davantage la décision du Maître. Il est possible qu'il soit resté sur le seuil du royaume sans y entrer. En tout cas, cela mit fin à cette lutte doctrinale que Jésus avait eu à soutenir depuis son entrée au temple. Personne n'eut plus l'audace de venir lui poser des questions (Marc, XII, 34; Luc, XX, 40).

Jésus continua de circuler sous les portiques au milieu de la foule qui l'entourait, et, conformément à sa coutume, il lui prêcha sa doctrine. A un certain moment, retournant les rôles, il prit l'initiative de l'attaque et s'adressant aux Pharisiens, leur posa cette question : « Les docteurs disent que le Messie est fils de David. Comment cela peut-il s'accorder avec ce qu'a dit David lui-même sous l'action de l'inspiration de l'Esprit-Saint dans ce verset du Psaume : « Le Seigneur a dit à mon Seigneur : assieds-toi à ma droite jusqu'à ce que je réduise tes ennemis à servir d'escàbeau à tes pieds. » Ainsi David l'appelle Seigneur; alors, de quelle manière est-il son fils ? Aucun des Pharisiens ne trouva rien à lui répliquer; et le peuple s'enthousiasmait de plus en plus en constatant la sagesse de toutes ses paroles (Matt., XX, 41-46; Marc, XII, 35-38; Luc, XX, 44.)

Outré de l'endurcissement, de la mauvaise foi de ces Pharisiens et de ces faux docteurs, Jésus les démasqua alors, sans aucuns ménagements, en présence de ses disciples et de toute la foule assemblée autour de lui au temple.

Les Scribes et les Pharisiens, dit-il, sont assis sur la chaire de Moïse. Tout ce qu'ils vous ordonnent de garder, gardez-le et observez-le. Mais n'imitez pas leurs actions, car ils n'accomplissent pas ce qu'ils enseignent. Ils fabriquent des faisceaux d'obligations de conscience lourdes et difficiles, et ils en chargent les épaules des hommes, tandis qu'ils ne les soulèvent pas eux-mêmes du bout du petit doigt. Ils ne font toutes leurs actions que dans le but d'attirer les regards des hommes; ils élargissent leurs phylactères, donnent plus d'ampleur aux franges de leurs vêtements. Ils recherchent les premières places dans les repas, les premiers sièges dans les synagogues, les saluts obséquieux sur la place publique, aiment à ce qu'on les appelle : Maître, Maître. Vous, ne vous faites pas appeler Maître. Il n'y a pour vous qu'un Maître : le Messie;

quant à vous; vous êtes tous frères. Ne donnez à personne sur la terre le surnom de père; il n'y a pour vous qu'un Père, celui qui est dans les cieux. Le plus grand d'entre vous sera le serviteur de ses frères. Quiconque s'élèvera sera rabaissé, quiconque s'abaissera, sera relevé (Matth. XXIII, 1-12).

Malheur à vous, Scribes et Pharisiens, hypocrites, vous qui dévorez les maisons des veuves sous couleur de faire de longues prières en leur faveur : c'est pourquoi vous serez réputés doublement criminels. Malheur à vous, Scribes et Pharisiens, hypocrites, parce que vous fermez à clef le royaume des Cieux, au-devant des hommes; vous n'y entrez pas; et vous ne permettez pas de passer à ceux qui y voudraient pénétrer. Malheur à vous, Scribes et Pharisiens, hypocrites, qui courez les mers et les déserts pour faire un prosélyte; et quand il l'est devenu, vous en faites un fils de la Géhenne pire que vous. Malheur à vous, directeurs aveugles, qui dites : Jurer par le temple n'est rien; mais si vous jurez par l'or du Temple, vous êtes tenu. Insensés et aveugles, qu'est-ce qui vaut plus de l'or ou du Temple qui sanctifie l'or apporté là en dépôt? Jurer par l'autel des sacrifices, dites-vous, ce n'est rien; mais si vous jurez par l'offrande mise sur l'autel, vous êtes tenu. — Insensés et aveugles, qu'est-ce qui vaut plus de l'offrande, ou de l'autel qui consacre l'offrande? En conséquence celui qui jure par l'autel, jure et par l'autel et par toutes les offrandes que l'on y peut présenter. Celui qui jure par le Temple, jure en même temps par tout ce qu'il renferme. Celui qui jure par le Ciel, jure par le trône de Dieu et par Celui qui y réside.

Malheur à vous, Scribes et Pharisiens, hypocrites, qui payez avec scrupule la dîme du baume, de l'anis et du cumin, et qui ne vou souciez pas d'observer les plus graves commandements de la loi, la justice, la miséricorde et la foi; il fallait faire cela, mais ne pas omettre ceci. Directeurs aveugles, qui filtrez un moucheron et avalez un chameau. Malheur à vous, Scribes et Pharisiens, hypocrites, qui nettoyez

le dehors de la coupe et du plat, et laissez l'intérieur plein
des souillures du vol et de la débauche. Pharisien aveugle,
nettoie d'abord l'intérieur de la coupe et du plat, afin que le
dehors puisse aussi devenir propre.

Malheur à vous, Scribes et Pharisiens, hypocrites, car vous
ressemblez à des sépulcres blanchis, qui paraissent brillants
au dehors, mais l'intérieur est plein d'ossements de morts
et de toute pourriture. Ainsi vous aussi vous voulez paraître
justes aux yeux des hommes, mais intérieurement vous êtes
pleins d'hypocrisie et d'impiété. Malheur à vous, Scribes et
Pharisiens, parce que vous bâtissez les tombeaux des Prophètes et vous décorez les sépultures des justes; et vous
dites : Si nous eussions vécu au temps de nos pères, nous
nous serions refusés à tremper nos mains dans le sang des
prophètes. Vous avouez ainsi que vous êtes bien les fils de
ceux qui ont tué les Prophètes. Vous remplissez la mesure de
vos pères. Vipères, reietons de vipères, comment échappe-
rez-vous aux justices de la géhenne? Car voici, que pour
cela même, je vais envoyer vers vous des prophètes, des sages, des docteurs. Vous tuerez et crucifierez les uns; vous
flagellerez les autres dans vos synagogues et vous les chasse-
rez haineusement de ville en ville. De sorte qu'il faudra que
s'amasse sur vous tout le sang qui a été versé sur la terre,
depuis le sang d'Abel le Juste jusqu'au sang de Zacharie,
fils de Barachie, que vous avez massacré entre le temple et
l'autel. En vérité, je vous le dis, tout cela s'accomplira sur
cette race.

Jérusalem, Jérusalem, toi qui tues les Prophètes, qui lapides
ceux qui sont envoyés vers toi, combien de fois j'ai essayé de
rassembler tes enfants, comme la poule rassemble ses pous-
sins sous ses ailes et tu n'as pas voulu. Voici que vous serez
chassés de vos demeures qui resteront désertes, car je vous le
dis : Désormais vous ne me verrez plus jusqu'à ce que vous
disiez : Béni celui qui vient au nom du Seigneur (Matth.
XXIII, 1-39; Marc, XII, 38-40; Luc, XX, 46-47).

Celui qui jette à la face des Scribes et des Pharisiens, dans l'enceinte du Temple, au milieu des foules assemblées, ces anathèmes, éclatants comme la foudre, blessants et pénétrants comme le glaive le plus aigu, est ce Jésus qui est depuis long-temps condamné par eux à disparaître et qui le sait très pertinemment. Renonçant désormais à les convaincre et à les amener à lui, il rompt ouvertement avec eux et se livre par conséquent entre leurs mains puisqu'il n'entre pas dans sa pensée de lutter de vive force contre eux. Mais à ce moment, sa parole avait tant de puissance près du peuple, la peur que les Pharisiens avaient de lui redoubla tellement sous la flagellation de ces condamnations terribles et effrayantes que pas un n'osa répliquer ni essayer des moyens de violence. Ils ne firent pas, à ce moment-là, comme quelques mois auparavant à la fête de la Dédicace, le geste de prendre des pierres pour le lapider. Cela dut être une scène terriblement effrayante et sur le visage ordinairement si paisible et si doux de l'humble Nazaréen on dut voir passer l'éclat passager du Souverain Juge.

Après cela, Jésus alla s'asseoir, voyez l'admirable tranquillité, devant le trône destiné aux aumônes, et il regardait le défilé de ceux qui apportaient leurs offrandes. Des riches passèrent qui y jetèrent de grosses aumônes. Une pauvre veuve s'approcha à son tour et y mit un quadrans, qui équivaut à deux ou trois centimes. Jésus fit signe à ses disciples de se rapprocher de lui et leur dit : En vérité, je vous le dis, cette pauvre veuve a fait l'offrande la plus considérable de toutes celles qui ont été versées dans le tronc. Les autres ont donné de leur superflu, mais elle s'est dépouillée de son nécessaire; a sacrifié tout ce qu'elle avait, tous ses moyens d'existence. Divine doctrine qui mesure la valeur du don à la grandeur du renoncement, de la générosité morale (Marc, XII, 41, 44).

LES CATASTROPHES FINALES

Jésus avait passé cette mémorable journée du mardi tout

entière dans le Temple, et le soir venu, il reprit avec ses Apôtres la direction de la montagne des Oliviers. En sortant du Temple, ses Apôtres lui firent remarquer la grandeur et la beauté des matériaux dont il était bâti, s'extasièrent sur la richesse des dons, des ex-voto dont il était rempli.

Jésus leur répondit : Ne faites pas attention à tout cela ; en vérité, en vérité il n'en restera pas une pierre sur pierre qui ne soit brisée. Les Apôtres étonnés sortirent en silence de la ville. Mais lorsqu'ils furent arrivés au lieu de leur retraite sur le Mont des Oliviers, assis autour de Jésus, dans l'isolement et la solitude, ils lui rappelèrent ses paroles, et lui demandèrent : Dites-nous, quand est-ce que cela arrivera ? Quel sera le signe de votre avènement glorieux (parousia) et de la consommation du siècle ? (Matt. XXIV, 3). Les Apôtres, on le voit, étaient toujours hantés par les rêves faits d'un règne messianique terrestre ; et ils unissaient ensemble, comme devant se produire en même temps, la ruine du Temple et la manifestation triomphale et dominatrice du Messie-Roi.

Jésus leur répondit : « Tenez-vous sur vos gardes de peur qu'on ne vous séduise. Beaucoup viendront qui usurperont mon nom et diront : Je suis le Messie, et ils séduiront un grand nombre d'hommes. Vous entendrez parler de guerres et de bruits de guerres ; tenez-vous en garde, ne vous troublez pas ; il faut que ces événements arrivent, mais ce ne sera pas encore la fin. Car les races s'élèveront contre les races, et les royaumes contre les royaumes ; il y aura des famines et des pestes, des tremblements de terre en divers lieux. Ce sera le commencement des dernières douleurs (ὠδίνων, douleurs de l'enfantement) (§ 9). Alors ils vous livreront, vous, à la tribulation, vous mettront à mort ; vous serez l'objet de la haine de tous les païens à cause de mon nom (Matt. XXIV, 10)

» Ils vous livreront aux Sanhédrins ; vous serez traînés dans les synagogues, vous serez traduits devant les proconsuls et les rois, à cause de moi, pour être mes témoins devant eux.

Car il faut que d'abord l'évangile soit prêché à toutes les nations. Quand ils vous livreront, ne réfléchissez pas d'avance aux moyens de votre défense, ne vous en mettez pas en souci ; ce qui vous sera donné à cette heure-là même, répondez-le : 'car ce ne sera plus vous, mais l'Esprit-Saint qui parlera (Marc, XIII, 9-11). Il se produira, sur ces entrefaites, de nombreux scandales, des trahisons, des haines réciproques. Beaucoup de faux prophètes s'élèveront, qui tromperont les masses ; et par suite de l'extension de l'impiété, la charité d'un grand nombre sera refroidie (Matt. XXIV, 11-12). Le frère livrera son frère à la mort, le père, son fils ; les enfants s'élèveront contre leurs parents et les feront mourir (Marc, XIII, 12). Mais celui qui persévérera jusqu'à la fin sera sauvé.

» Quand donc vous verrez l'abomination de la désolation établie dans le Lieu Saint, ainsi que cela a été prédit par le prophète Daniel, ce sera le moment pour ceux qui seront dans la Judée de fuir dans les montagnes. » (Matt. XXIV, 16 ; Marc, XIII, 14).

Les deux écrivains évangéliques, Matthieu et Marc, ont noté ce passage et inséré dans le texte cet avis significatif: que celui qui lit y réfléchisse [1]. « Que celui qui sera sur le toit de sa maison, continue Jésus, ne prenne pas le temps de rentrer dans sa maison pour y prendre ce qu'il y aura de précieux et l'emporter, que celui qui travaillera dans son champ, se sauve à l'instant sans retourner à l'entrée prendre le manteau qu'il y a déposé. Malheur aux femmes enceintes, aux mères qui auront des enfants à la mamelle dans ces jours-là. Priez que votre fuite ne survienne pas pendant l'hiver ou durant un jour de Sabbat. Car ce seront les jours d'une tribulation telle, qu'il n'en est pas arrivé d'aussi grande depuis le commencement de la création, que Dieu a faite, jusqu'aujourd'hui ; et il n'y en aura pas de pareille dans l'avenir

---

1. L'Evangéliste Luc y ajoute ce trait si terriblement historique qu'il met sur les lèvres de Jésus lui-même. Quand vous verrez Jérusalem assiégée et enfermée dans un cercle par les armées, alors sachez que l'heure de sa désolation est arrivée. XXI, 20.

(Matt. XXIV). Ce seront les jours du jugement qui verront s'accomplir toutes les Ecritures (Luc, XXI, 22). Les jours d'un terrible destin sur cette terre, d'une grande colère contre ce peuple. Ils tomberont sous le tranchant du glaive, ils seront vendus comme esclaves chez tous les peuples des Gentils; Jérusalem sera humiliée sous les pieds des Gentils jusqu'à ce que soient accomplis les temps des nations (Luc, XXI, 24). Et si ces jours n'avaient été abrégés, rien de ce qui est chair n'eût été sauvé, mais à cause des élus ces jours seront abrégés. » (Matt. XXIV, 22; Marc, XIII, 20).

Après cette terrible description prophétique de la catastrophe finale de Jérusalem, Jésus passe sans transition aucune à la description de la consommation finale de l'humanité tout entière et du Suprême Jugement. Il n'en détermine pas l'époque, selon ce qu'il avait dit précédemment, que le secret en était réservé exclusivement à son Père. Il en laisse l'épouvantable menace toujours suspendue sur l'esprit de l'homme, afin qu'elle lui serve d'avertissement de se tenir prêt à tout instant à paraître devant le redoutable tribunal. D'ailleurs ce jour est proche pour chacun des hommes individuellement, puisque le jugement particulier, après le cours si rapide de cette vie, n'est que la répétition préparatoire du jugement dernier.

« Alors, continue Jésus, si l'on vous dit : le Christ est ici; il est là; n'en croyez rien. Car il s'élèvera de faux Christs et de faux prophètes qui feront de grands prodiges et de grandes merveilles, de façon à séduire, s'il était possible, jusqu'aux élus. Si l'on vous dit : Le voici dans le désert; n'y allez pas; il est caché dans la chambre la plus secrète de la maison; ne le croyez pas. Prenez garde; voici que je vous préviens d'avance de toutes ces choses. Car ainsi que l'éclair part de l'Orient et s'étend en un moment jusqu'à l'Occident, ainsi se fera la manifestation (parousia) du fils de l'homme. Elle sera rapide comme le vol des aigles, se précipitant sur le lieu où vient de tomber un cadavre. (Matt. II, 17-28).

»Dans ces jours-là, après cette catastrophe de Jérusalem, le soleil s'obscurcira, la lune ne donnera plus sa lumière, les astres
du ciel paraîtront tomber et les vertus des cieux seront ébran-
lées. Sur terre les nations se rassembleront dans l'épouvante,
effrayés par les mugissements de la mer et des flots, les hommes défailleront de terreur, dans l'attente du sort réservé à
la terre. (Luc, XXI, 25-26).

» Alors apparaîtra l'étendard du Fils de l'homme dans les
Cieux, alors toutes les tribus de la terre se frapperont en
signe de douleur, et elles verront le Fils de l'homme venant
sur les nuées du Ciel avec une grande puissance et une
grande gloire. (Matt. ib. 30-31 ; Marc, XIII, 26 ; Luc, XXI, 27).
Il enverra ses anges qui feront retentir l'appel de leurs éclatantes trompettes ; ils rassembleront ses élus des quatre coins
de la terre, d'une extrémité à l'autre de l'horizon.

» Que la végétation du figuier vous serve de comparaison.
Quand l'extrémité de ses rameaux s'adoucit et se gonfle sous
la sève et que les feuilles commencent à pousser, vous dites :
l'été approche. Qu'il en soit de même pour vous, et lorsque
vous verrez toutes ces choses, sachez reconnaître qu'il est
tout près et déjà sur le seuil de la porte. En vérité je vous
le dis, cette race ne passera pas, jusqu'à ce que tout soit accompli. Le ciel et la terre passeront, mes discours ne passeront pas.

» De cette heure et de ce jour personne n'a connaissance,
pas même les anges des Cieux, si ce n'est mon Père seul.
Il en sera de la manifestation du Fils de l'homme, comme du
déluge, à l'époque de Noé. Les hommes, alors, mangeaient
et buvaient, se mariaient et s'épousaient jusqu'au jour où
Noé entra dans l'arche. Les autres ne pensèrent à rien jusqu'à l'heure où l'inondation les surprit et les fit tous périr ;
il en sera de même de la manifestation du Fils de l'Homme. »
(Matt. ib. 32-40 ; Marc, XIII, 28-33).

C'est pourquoi Jésus recommande à ses apôtres de se tenir
prêts, d'être sur leurs gardes, d'imiter l'intendant attentif qui

veille durant la nuit pour attendre son maître et de ne pas ressembler à ce'ui qui calculant le temps de son absence, en abuse pour se livrer à tous les excès et maltraiter les serviteurs dont il a la charge. (Matt. ibid. 40-51).

Il crée à leur intention, pour faire mieux pénétrer ce conseil de la vigilance au fond de leurs cœurs, les deux admirables paraboles des vierges sages et des vierges folles; du maître, qui, partant pour un lointain voyage, appelle ses serviteurs et confie à chacun diverses sommes d'argent à faire valoir. Il en demande compte à son retour; récompense ceux qui ont bien géré leur dépôt; et condamne celui qui s'est contenté de l'enterrer dans un coin, à être dépouillé de tout et jeté dans les ténèbres extérieures, où il y aura l'éternel cri de douieur et les grincements de dents. (Matt. XXVI, 30). « Ce que je vous dis, conclut-il, je le dis à tous sans exception : Veillez. » (Marc, XIII, 33, 37). Veillez en tout temps et priez afin que vous soyez jugés dignes d'être préservés de tous ces maux à venir et de trouver place en présence du Fils de l'Homme. (Luc, XXI, 36).

Reprenant ensuite la description de sa seconde et redoutable manifestation messianique, Jésus continue :

« Quand le Fils de l'Homme viendra dans sa gloire et tous les Anges avec lui, alors il s'assiéra sur le trône de sa gloire, et fera se rassembler devant lui toutes les nations; puis il séparera les hommes les uns des autres comme le berger sépare les brebis des boucs. Il fera passer les brebis à sa droite et les boucs à gauche. Alors le Roi, — remarquez la force de l'expression; ce n'est plus seulement le Fils de l'Homme qui se manifeste ici, mais le Roi Suprême — dira à ceux qui seront à sa droite : Venez ici les bénis de mon Père, possédez la royauté qui vous a été préparée dès la fondation du monde. Car j'ai eu faim, et vous m'avez donné à manger; j'ai eu soif et vous m'avez désaltéré; j'étais étranger et vous m'avez reçu; j'étais nu et vous m'avez vêtu, j'ai été malade et vous avez pris soin de moi, j'ai été prisonnier et vous m'avez visité. Les justes lui répondront alors : Seigneur, quand donc avons-nous pu vous voir affamé et nous vous avons nourri, tourmenté par la soif, et nous vous avons désaltéré ? Quand donc avons-nous pu vous voir étranger, et nous vous avons reçu; nu, et nous vous avons revêtu ? Quand donc avons-nous pu vous voir malade ou en prison, et sommes-nous venus à vous ?

Et le Roi daignant leur répondre leur dira : En vérité je vous le dis : tout ce que vous aurez fait à l'un d'entre mes frères qui sont ici, si humble qu'il ait été, c'est moi que vous avez obligé.

Il dira ensuite à ceux qui sont à gauche : Eloignez-vous de moi, les maudits (allez) au feu éternel, qui a été préparé pour le diable et ses anges. J'ai eu faim et vous ne m'avez pas donné à manger; j'ai eu soif et vous ne m'avez pas désaltéré. J'ai été étranger et vous ne m'avez pas reçu; nu, et vous ne m'avez pas vêtu; malade et en prison, et vous n'avez pas pris soin de moi.

Alors eux aussi demanderont : Seigneur, — tous appellent Seigneur ce Roi terrible, de qui le pouvoir est désormais indéniable et indiscutable — « Seigneur, quand avons-nous pu vous voir affamé, altéré ou bien étranger, ou bien nu, ou bien malade, et en prison et nous vous avons refusé nos services ? Il leur répliquera : En vérité, je vous le dis, toutes les fois que vous avez repoussé le plus humble des hommes, c'est moi que vous avez repoussé. Et ceux-là de la gauche s'en iront au châtiment éternel, les justes iront à la vie éternelle. » (Matt. XXV, 31-46).

Ce sera le royaume définitif de Dieu, le royaume de la résurrection où les hommes seront semblables aux anges, où il n'y aura plus de besoins ni de nécessités terrestres ou charnelles comme Jésus l'a déclaré précédemment. Les rêves d'une royauté visible qui aurait son siège à Jérusalem, en Palestine, les imaginations grossières d'un millénarisme sensuel sont écartées par la sentence définitive de Jésus. Que

convient-il de penser de ces affirmations? Comment les faut-
il juger? Qu'y a-t-il à en conclure? C'est que Jésus, qui les
énonce avec tant d'énergie et à la fois de clarté et de simplicité, a la conscience d'être bien réellement le Roi Suprême
du monde et de l'humanité, d'être le Fils de Dieu, le con-
fident intime de toutes ses pensées, l'être revêtu de sa suprême et infinie puissance. Autrement il faudrait conclure,
ce que repousse toute la vie et le caractère de Jésus, qu'il
n'aurait été que le plus criminel des imposteurs ou le plus
extravagant des fous.

LES PRÉPARATIFS DE LA PAQUE. — LA CÈNE.

LA TRAHISON DE JUDAS.

Ce même Jésus redescendant tout d'un coup des hauteurs
de son siège de Monarque et de Juge souverain, renouvelle
à ses Apôtres la prédiction de son supplice. « Vous savez,
leur dit-il, que la Pâque se fera dans deux jours, et le Fils
de l'homme sera livré pour être crucifié. » (Matt. XXVI). Quel
contraste et quel état, aurait dit Bossuet dans la même page.
Là le Juge universel sous lequel tremblent toutes les races
humaines; ici, le supplice du Golgotha !

Jésus retourna-t-il le mercredi et le jeudi au Temple? Le
récit, si admirablement circonstancié de l'évangéliste saint
Marc, s'arrête sur cette effrayante clôture de la journée du
mardi, terminée par la description du Jugement Universel.
Saint Luc semble indiquer que Jésus continua ses visites à
Jérusalem. Jésus, écrit-il, en parlant de toute cette semaine,
enseignait durant ces jours dans le Temple, et, le soir, il venait
passer la nuit sur le Mont des Oliviers.

Ce put être le mercredi ou le jeudi que se passa une scène
racontée seulement par l'évangéliste saint Jean. Parmi les foules de pèlerins accourues à Jérusalem pour la fête se trouvaient des prosélytes d'origine grecque qui étaient venus eux

aussi offrir leurs adorations dans le Temple. Quelques-uns d'entre eux entendirent parler de Jésus et conçurent un vif désir de le voir. Ils vinrent trouver l'apôtre Philippe et lui dirent : Seigneur, nous voudrions voir Jésus ? Philippe s'en alla faire part de cette démarche à André, et tous deux, de concert, la transmirent à leur Maître. L'évangéliste ajoute que Jésus leur répondit, à eux et sans doute à leurs clients, car la réponse fut faite publiquement et en présence de la foule : « L'heure est venue où le Fils de l'Homme va être glorifié. En vérité, en vérité je vous le dis, si le grain de blé jeté en terre ne meurt pas d'abord, il reste stérile; mais s'il meurt, il porte ensuite beaucoup de fruit. Celui qui aime sa vie la perdra; et celui qui ne fait pas état de sa vie, dans ce monde-ci, la conserve pour la vie éternelle. Si quelqu'un veut me servir, il faut qu'il me suive, et là où je suis, là aussi doit être mon serviteur; et celui qui me servira, mon Père l'honorera. Présentement mon âme se trouble et que dirai-je ? — Père, sauvez-moi de cette heure ? — Mais c'est pour cette fin que j'ai vécu jusqu'à cette heure. — Père, glorifiez donc votre nom ». — Une voix retentit soudain du haut des cieux proférant ces paroles : « Oui, j'ai glorifié, et je glorifierai. — La foule qui l'entourait entendit et s'imagina que c'était un coup de tonnerre. D'autres dirent : Un ange lui a parlé. Il ne semble pas d'après cela que le sens de cette voix céleste ait été compris distinctement par tous les assistants.

Jésus leur en expliqua la signification. « Cette voix, leur dit-il, n'est pas venue à mon intention, mais à la vôtre. C'est présentement l'heure du jugement du monde, où le Prince du monde va être jeté dehors. Et moi, lorsque j'aurai été élevé de terre, j'attirerai tous les hommes à moi. » Il signifiait ainsi par quel genre de mort il devait mourir. La foule le comprit très bien et lui dit : On nous a enseignés d'après la Loi que le Christ doit avoir une éternelle puissance; comment dites-vous donc qu'il faut que le Fils de l'homme soit élevé de terre ? Qui est ce fils de l'homme. Les Juifs ne compre-

naient plus rien en un Messie qui voulait mourir sur une croix.
Jésus leur dit : « Pour un peu de temps encore la lumière est
au milieu de vous; marchez durant qu'elle vous éclaire, de
peur que les ténèbres ne vous surprennent; car celui qui
veut marcher dans les ténèbres ne sait plus où il va. Tant
que la lumière vous éclaire, croyez à cette lumière, afin que
vous deveniez les enfants de la lumière. » — Après leur avoir
parlé en ces termes, Jésus s'en alla et s'éclipsa du milieu de
la foule. (Jean, XII, 20-36).

Ni ces enseignements ni tous les miracles qu'il avait accomplis publiquement sous leurs yeux n'avaient pu persuader ces
Pharisiens endurcis à croire en lui. Ainsi s'accomplissait la prophétie d'Isaïe : « Seigneur, qui a cru à notre prédication ? A qui
le bras du Seigneur est-il devenu manifeste ? La raison pour
laquelle ils ne pouvaient pas croire avait été ainsi formulée
d'avance par le même prophète : Tel est devenu l'aveuglement
de leurs yeux et tel l'endurcissement de leurs cœurs, qu'ils
en sont arrivés à ne plus pouvoir voir et à ne plus pouvoir
comprendre, ainsi leur est fermé tout accès à cette conversion
de l'âme qui me permettrait, dit le Seigneur, de les guérir. »
(V. 37-40). Et l'évangéliste Jean ajoute cette réflexion, qui
nous donne l'état de l'opinion chrétienne sur la réalisation
des prophéties messianiques dans la personne de Jésus, à
l'époque de la composition de cet Evangile. Isaïe parla de
cette sorte lorsqu'il eut la vision de sa gloire et reçut la
mission de la décrire à l'avance.

Il y eut bien, ajoute saint Jean, même parmi les chefs de
l'aristocratie et du sacerdoce, un assez grand nombre de
Juifs qui furent persuadés de la vérité des affirmations de
Jésus, qui le reconnurent pour le véritable Messie, mais ils
eurent peur des Pharisiens et n'osèrent pas avouer leurs
convictions, de peur d'être chassés de la synagogue. Ils préférèrent l'approbation des hommes de leur temps, des maîtres
de la politique à la gloire de Dieu. (Ib. 42-43). La lâcheté
s'unit ainsi à la haine déclarée pour paralyser les efforts

de Jésus, et l'empêcher d'amener d'une façon définitive son peuple et sa nation à se ranger sous son enseignement et à le reconnaître pour son chef religieux. La foi lâche et cachée de ces âmes faibles suffit-elle à les conduire personnellement au salut? Cela est douteux pour beaucoup. La lâcheté conduit le plus souvent non seulement à la dissimulation de la foi religieuse, mais à la solidarité du vice et du crime. Mais assurément ces lâches politiques, en n'osant pas apporter leur appui public à Jésus, en ne venant pas former autour de lui un corps solide et puissant par la considération sociale, qui eût serv' de fondement durable à l'enthousiasme et à l'entraînement populaire, eurent une part considérable de responsabilité dans le terrible dénouement du Calvaire, et dans l'apostasie générale de la masse du peuple. Celui-ci apparemment déçu dans ses espérances, fut livré par l'abandon de ses chefs naturels aux manœuvres haineuses des ennemis tout puissants de Jésus.

Ce ne fut pas faute, explique saint Jean, que Jésus les eut avertis, car il avait « crié » de toutes ses forces : « Celui qui croit en moi, ne croit pas seulement en moi, mais en Celui qui m'a envoyé. Et celui qui me contemple, contemple aussi celui qui m'a envoyé. Moi, la Lumière, je suis venu dans le monde, afin que quiconque croira en moi ne demeure pas dans les ténèbres. Si quelqu'un entend mes paroles et ne veut pas y croire, je ne le juge pas présentement, car je suis venu, non pour juger le monde, mais pour le sauver. Celui qui me méprise et ne veut pas recevoir mes paroles, qui le jugera? Ce juge, c'est la Parole même que j'ai énoncée; c'est celle-là qui le jugera au dernier jour. Car ce n'est pas de moi-même que j'ai parlé, mon Père, qui m'a envoyé, m'a donné l'ordre et le texte de mes enseignements. Je sais que son commandement est vie éternelle. Donc ce que je dis je l'énonce en conformité des ordres de mon Père. » (Ib., 44-50).

Judas, nous l'avons vu, furieux de ce que Jésus n'avait pas fait entrer dans la bourse dont il était dépositaire, et où il puisait volontiers pour son compte personnel, le prix du parfum que Marie-Madeleine avait répandu sur ses pieds, avait conçu ce jour-là même la résolution définitive de se venger en le livrant et en se faisant payer par les Grands Prêtres et les chefs des Pharisiens, le prix de sa trahison. Possédé de ce double démon de la vengeance et de l'avarice, il eût facilement, durant ces premiers jours de la semaine que Jésus passa presque tout entiers au Temple, l'occasion de s'entendre secrètement avec les ennemis de son Maître. Les Grands Prêtres et les Scribes, aux abois, ayant vu jusque-là échouer toutes leurs tentatives pour s'emparer de Jésus, accueillirent avec empressement cet auxiliaire inespéré. Judas eut plusieurs entrevues avec eux et avec le capitaine et les officiers du Temple. On convint des conditions de l'arrestation et du prix de la trahison. Quant au jour et à l'heure, on donna carte blanche à Judas, à la réserve toutefois qu'il livrerait Jésus secrètement et « en dehors de tout rassemblement » (Luc, XXII, 1-6; Marc, XIV, 10-11).

Le projet des chefs était de s'emparer le plus tôt possible de sa personne et de mettre fin ainsi à ses prédications et d'arrêter les effets de son influence sur le peuple. Une fois qu'on le tiendrait dans une prison bien fermée, on attendrait après les fêtes de la Pâque et le départ des pèlerins, pour le mettre à mort. De cette façon, ils croyaient n'avoir plus à redouter un mouvement populaire en faveur de Jésus (Luc, XXII, 3; Matth. XXVI, 3-4).

Le jeudi, qui était le quatorzième jour du mois de Nisan, jour fixé pour l'immolation de l'agneau pascal (Marc, XIV, 12), les apôtres de Jésus lui demandèrent où il voulait qu'on préparât le festin de la Pâque. Il chargea spécialement de ce soin deux d'entre eux, Pierre et Jean, et leur dit : Entrez dans la ville, vous verrez venir à votre rencontre un homme portant un vase de terre pour puiser de l'eau; vous le suivrez, vous entrerez avec lui dans la maison et vous direz au propriétaire de la demeure : Voici ce que le Maître nous envoie vous dire :

Où est la salle dans laquelle je pourrai manger la Pâque avec mes disciples? Et il vous montrera, au premier étage, une vaste salle, décorée de tentures, et toute disposée pour le festin. Vous y apprêterez le nôtre.

« Les apôtres s'en allèrent, entrèrent en ville, et trouvèrent tout absolument conforme aux indications de Jésus. Ils se mirent donc en devoir de préparer ce qu'il fallait pour la Pâque » (Marc, XIV, 12-16; Luc, XXII, 7-14). Il semble résulter de ce texte que Jésus serait resté lui-même, la majeure partie de cette journée du jeudi, hors de la ville. « Le soir venu, il s'y rendit avec ses douze apôtres »; les deux délégués étaient ainsi venus rejoindre le Maître et lui rapporter la réponse.

Le soir venu, Jésus prit place à table avec ses douze apôtres. Il leur dit : « J'ai un extrême désir de manger cette Pâque avec vous avant l'heure de mon supplice. Car je vous le dis, je ne la mangerai plus désormais jusqu'à ce qu'elle soit accomplie dans le royaume de Dieu » (Luc, XXII, 15-16). Et prenant une coupe de vin, il la bénit et dit : « Prenez et passez-vous cette coupe. Je vous le dis, je ne boirai plus de ce produit de la vigne jusqu'à ce que soit venu le royaume de Dieu ». Il entendait désigner par l'avènement du royaume de Dieu sa mort elle-même, qui allait ouvrir l'ère nouvelle et éternelle du règne de la Rédemption de l'humanité.

On avait mangé l'agneau pascal, et le rite figuratif avait été accompli. A ce moment, Jésus se leva de table, et, bien qu'il sût parfaitement que son Père lui avait remis toutes les créatures entre les mains, qu'il était sorti de Dieu et qu'il allait retourner à Dieu, il se débarrassa de son manteau, mit autour de ses mains un tablier de service. Puis il versa de l'eau dans un bassin et se mit en devoir de laver les pieds de ses apôtres et de les essuyer avec le linge dont il s'était ceint Il s'approche donc, dans ce but, de Simon Pierre. Celui-ci fait un vif mouvement de recul et dit à Jésus : « Quoi, Seigneur, vous me laveriez les pieds ! » Jésus lui répondit :

« Ce que je fais, tu ne le comprends pas encore, mais tu le comprendras plus tard. » Pierre résiste encore : « Non, jamais je ne permettrai que vous me laviez les pieds ». — « Si je ne te les lave, lui dit Jésus, tu ne feras plus partie de ma société ». Pierre répond alors : « Lavez-moi donc, Seigneur; non pas seulement les pieds, mais les mains et la tête. » — « Celui qui a été lavé, lui dit Jésus, n'a plus besoin que de se rincer les pieds, et il est entièrement pur. Vous aussi, vous êtes purs; non pas tous, cependant. » Il connaissait parfaitement celui qui avait l'intention de le trahir; c'est pourquoi il se servait de cette expression : « Vous n'êtes pas tous purs ».

Quand il eut achevé de leur laver à tous les pieds, il passa son manteau, reprit sa place sur le divan et dit à ses apôtres : « Comprenez bien ce que je viens de faire pour vous. Vous m'appelez le Maître et le Seigneur. Vous dites bien, car je le suis. Si donc je vous ai lavé les pieds, moi le Maître et le Seigneur, ainsi vous, vous devez vous laver mutuellement les pieds. Je vous ai donné l'exemple, afin que vous imitiez exactement mon action. En vérité, je vous le dis : le serviteur n'est pas au-dessus de son maître, l'envoyé plus grand que celui qui l'envoie. Si vous comprenez cela, vous serez bienheureux, à condition de le mettre en pratique. Je ne parle cependant pas pour tous ici. Je sais qui j'ai choisi. Mais il faut que l'Ecriture s'accomplisse et il en est un parmi vous qui a élevé son pied contre moi. Je vous le dis présentement, avant l'avènement du fait, afin que lorsqu'il se produira, vous ayez une preuve de croire que je suis. En vérité, celui qui recevra mon envoyé me recevra, et celui qui me recevra recevra celui qui m'a envoyé » (Jean, XIII, 1-20).

La vision de la trahison de son disciple venait ainsi de passer devant les yeux de Jésus. Il en fut douloureusement ému et il dit en esprit de témoignage prophétique à ses apôtres : « En vérité, en vérité, je vous en préviens, l'un de vous me trahira. » Cette prédiction leur causa un douloureux émoi et ils lui demandèrent l'un après l'autre : « Serait-ce moi,

Seigneur, serait-ce moi? » Jésus répondit : « L'un des douze, l'un de ceux qui met avec moi sa main au plat du festin. Le Fils de l'homme s'en va, ainsi qu'il est écrit de lui; mais malheur à cet homme-là, par qui le Fils de l'homme sera livré. Il eût mieux valu pour cet homme qu'il ne fût pas né » (Matth., XXVI, 21-24; Marc, XIV, 18-21; Luc, XXII, 21-23). Judas se redressant alors contre ce terrible avertissement, osa à son tour demander en face à Jésus : « Est-ce moi? Seigneur. » Jésus lui répondit : « Tu l'as dit ». La réponse paraît avoir été faite à voix basse, de façon à n'être pas distinctement saisie par les autres apôtres.

« Le repas touchait alors à sa fin. Jésus prit du pain et, après l'avoir béni, le rompit, le donna à ses apôtres et leur dit : « Prenez et mangez; ceci est mon corps (Matth.) qu' sera livré pour vous (Luc); faites ceci en ma commémoration » Il prit aussi le calice dans lequel il y avait du vin et, après l'avoir béni, le leur donna en disant : « Buvez-en tous; car ceci est mon sang, le sang de la nouvelle alliance qui sera versé pour beaucoup en rémission des péchés (Matth.). Ce calice est la nouvelle alliance dans mon sang qui sera versé pour vous » (Luc, 20). Ils se passèrent le calice et en burent tous. Et Jésus leur dit : « Je ne boirai plus de ce produit de la vigne jusqu'au jour où je le boirai sous une forme nouvelle dans le royaume de Dieu » (Marc, 25).

Cependant, les apôtres étaient restés oppressés par la prédiction de Jésus; ignorant toujours quel pourrait bien, parmi eux, être le traître, ils s'observaient les uns les autres. Pierre fit signe à Jean, le préféré de Jésus, qui poussait parfois la familiarité jusqu'à reposer sa tête sur la poitrine du Maître, de lui demander ce secret. Jean inclina sa tête sur le Cœur de Jésus et lui dit : « Seigneur, qui est-ce? » Jésus lui répondit: « Celui à qui je vais passer une mouillette de pain ». Et il la fit passer à Judas Iscariote, fils de Simon ».

Le traître, payant toujours d'audace, l'accepta. Lorsqu'il l'eut avalée, l'esprit mauvais s'empara de lui plus fortement que jamais. Jésus, résolu de son côté à aller au-devant de la mort que ses ennemis lui avaient préparée, se servira de la trahison de Judas pour amener les Prêtres des prêtres et le sanhédrin juif à le crucifier au lieu et à l'heure que lui-même a choisis. « Ce que tu veux faire, dit-il à Judas, fais-le plus vite ». — Les autres apôtres ne comprirent rien sur le moment au sens de ces paroles. Comme Judas était le trésorier de l'association apostolique, quelques-uns des disciples crurent que Jésus lui ordonnait de faire des approvisionnements pour la fête ou de distribuer quelques aumônes aux pauvres. Le traître se sentant donc dévoilé, se croyant sans doute chassé définitivement de la société du Maître par les derniers mots, si terribles dans leur obscurité voulue, qu'il lui avait adressés, se dit que cette occasion d'en finir serait sans doute pour lui la dernière. Il sortit donc aussitôt. Il était nuit fermée, l'heure d'action de ses pareils. Il s'en alla trouver les chefs du sanhédrin et leur dit qu'il fallait arrêter Jésus cette nuit même (Jean, XIII, 22-31).

LES DERNIERS ENTRETIENS DE JÉSUS.

Après le départ du traître, Jésus, comme s'il eût été délivré d'un poids horrible qui l'oppressait, se laissa aller aux plus intimes et plus tendres épanchements avec ses apôtres.

C'étaient les dernières paroles qu'il leur adresserait, durant sa vie mortelle. Il voulut qu'ils conservassent de cet entretien testamentaire, le plus suave et le plus touchant souvenir et qu'il fût comme le sceau de leur réciproque amour.

« C'est présentement, commença-t-il, que le Fils de l'homme a été glorifié, et que Dieu a été glorifié en lui. Si Dieu a été glorifié en lui, à son tour, il le glorifiera en lui-même, et c'est tout de suite que va se manifester cette gloire. Mes petits enfants, je n'ai plus que quelques moments à passer avec vous. Vous me chercherez, et, comme je le disais naguère aux Juifs, là où je vais, vous ne pouvez pas venir, mais pour vous, j'ajoute: vous ne pouvez pas venir à présent. Je vous donne un commandement nouveau, celui de vous aimer les uns les autres ; comme moi-même je vous ai aimés, aimez-vous ainsi les uns les autres. Ce sera à cette marque que l'on reconnaîtra que vous êtes mes disciples, si vous vous aimez mutuellement ».

Simon Pierre l'interrompit et lui dit : « Seigneur, où allez-vous ? » Jésus lui répondit : « Où je vais, tu ne peux pas me suivre à présent, mais tu me suivras plus tard ». « Seigneur, répliqua Pierre, pourquoi ne pourrai-je pas vous suivre à présent ? Je veux donner ma vie pour vous ». — « Tu veux donner ta vie pour moi. En vérité, en vérité, je te dis qu'avant le chant du coq, tu m'auras renié trois fois ».

Reprenant alors son discours à ses apôtres, Jésus continua en ces termes : « Que votre cœur ne se trouble point. Croyez en Dieu et croyez en moi. Dans la maison de mon Père, il y a beaucoup de demeures. Autrement je vous dirais que je vais vous préparer une place. Et si je m'en vais et que je vous prépare une place, je reviendrai de nouveau vers vous, je vous prendrai avec moi, afin que là où je suis, vous y soyez aussi avec moi. Où je vais, vous le savez et vous connaissez le chemin qui y mène ». — Thomas l'interrompit à son tour : « Seigneur, nous ne savons nullement où vous allez ; comment alors pourrions-nous connaître le chemin ? » — « Je suis, expliqua Jésus, la voie, la vérité et la vie. Personne ne peut arriver jusqu'au Père si ce n'est par moi. Si vous me connaissiez, vous connaîtriez aussi mon Père ; et dès maintenant, vous le connaissez et vous l'avez vu ». — C'est alors que Philippe s'écrie à son tour : « Seigneur, montrez-nous le Père, et cela nous suffit ». — Jésus lui dit : « Depuis si longtemps que je suis avec vous, et vous ne me connaissez pas encore, Philippe ! Celui qui m'a vu a vu mon Père. Comment alors peux-tu dire : Montrez-moi le Père ? Ne crois-tu pas que je suis dans le Père et que le Père est en moi ? Les paroles que je vous énonce, je ne les énonce pas

de mon fonds; c'est le Père présent en moi qui agit et opère.
Croyez-moi; je suis dans le Père et le Père est en moi; à tout
le moins, croyez-moi à raison de mes œuvres. En vérité, en vérité, je vous le dis, celui qui croira en moi fera à son tour les
œuvres que je fais moi-même et en opérera de plus grandes, à
cause même de ce que je m'en vais présentement vers mon
Père. Et tout ce que vous demanderez en mon nom, je l'ac-
complirai afin que le Père soit glorifié dans le Fils. Oui, ce
que vous demanderez en mon nom, je le ferai. Si vous m'aimez, vous garderez mes commandements. Et moi je prierai
mon Père et il vous donnera un autre Consolateur, afin qu'il
reste avec vous à jamais. Ce sera l'Esprit de vérité que le
monde ne peut pas recevoir, parce qu'il ne le voit ni ne le
connaît; mais vous, vous le connaissez parce qu'il demeure
avec vous et qu'il est en vous. Je ne vous laisserai pas orphe-
lins, mais voici que je reviens sans retard vers vous. Encore
quelques heures, et le monde ne va plus me voir; mais vous,
vous continuerez de me voir, parce que je vis et que vous aussi
vous vivez. Dans cette heure-là, vous connaîtrez que moi je suis
dans mon Père; que vous, vous êtes en moi comme moi en
vous. Celui qui a reçu mes commandements et qui les garde,
est celui qui m'aime; celui qui m'aime sera aimé par mon
Père; moi aussi je l'aimerai et me manifesrai à lui. »

L'apôtre Jude, qu'il ne faut pas confondre avec l'Iscariote,
lui fit cette observation : « Seigneur, qu'y a-t-il donc que vous
allez vous manifester à nous, mais non pas au monde? » —
Un Messie qui ne voulait plus se manifester qu'à onze pauvres disciples, alors que le rêve des Juifs était qu'il se mani-
festerait publiquement au monde entier et lui imposerait
le joug de sa puissance suprême, cela dérangeait les idées
de Philippe; il n'y comprenait rien.

Jésus reprend la suite de son discours sans répondre directement à l'objection : « Si quelqu'un m'aime, il gardera ma
parole; mon Père l'aimera, nous viendrons à lui; nous ferons notre demeure en lui. Celui qui ne m'aime pas ne

garde pas ma parole, et cette parole, que vous entendez, n'est pas la mienne, mais celle du Père qui m'a envoyé. Je vous parle pendant que je suis encore avec vous. Mais le Consolateur, l'Esprit-Saint que vous enverra mon Père en mon nom, vous enseignera lui-même toute chose, vous remettra en mémoire tout ce que je vous ai dit. Je vous laisse la paix; je vous donne ma paix; non comme le monde peut la donner, Je vous la donne bien autrement; que votre cœur ne se trouble donc pas, qu'il ne succombe pas à la peur. Vous avez compris que je vous ai dit : Je m'en vais et je reviens vers vous. — Si vous m'aimez, vous vous réjouirez donc de ce que je m'en vais vers le Père, car le Père est plus grand que moi. Voici que je vous l'ai prédit avant l'événement afin qu'au moment de l'apparition du fait, votre foi soit confirmée. Je ne vais plus avoir le loisir de vous parler beaucoup, car voici que le prince du monde s'avance. Il n'a rien qui lui donne prise sur moi, mais afin que le monde connaisse que j'aime mon Père, et que l'ordre que m'a donné le Père je l'accomplisse. Levez-vous et allons-nous-en d'ici » (Jean, XIV).

Jésus récita avec ses apôtres l'hymne d'action de grâces et donna le signal du départ (Marc, XIV, 16). Chemin faisant, il les avertit de nouveau qu'il allait à la mort. « Vous allez être tous scandalisés à mon sujet cette nuit même; elle verra s'accomplir cette prophétie des Ecritures : Je frapperai le pasteur, et les brebis se disperseront. Mais après que je serai ressuscité, j'irai vous attendre en Galilée » (27).

Les apôtres finissaient pas comprendre que leur Maître devait mourir. Mais ils étaient toujours tellement hantés par le rêve juif d'une puissance et d'un royaume terrestre, qu'ils s'imaginaient le voir ressusciter publiquement et ostensiblement, aussitôt après sa mort, avant toute sépulture, pour commencer son règne glorieux. Cette conception des choses réveilla à cette heure-là même leurs compétitions jalouses et ambitieuses, et ils se disputaient entre eux la première place. Jésus leur rappela encore une fois la doctrine

du nouveau pouvoir qu'il venait fonder. « Les rois des natures, leur dit-il, ne pensent qu'à les dominer, et ceux qui
ont puissance sur elles se font surnommer Evergètes. Il n'en
sera pas ainsi pour vous. Le plus grand devra agir comme
s'il était le plus jeune; le chef se comporter comme le serviteur. Qui est le supérieur : celui qui commande ou bien
celui qui fait l'office de serviteur? N'est-ce pas celui qui oc-
cupe le siège de la priorité? Et pourtant, moi je suis au milieu
de vous comme votre serviteur. Vous, vous êtes restés persévéramment avec moi dans mes épreuves. C'est pourquoi je
vous prépare, comme mon Père me l'a préparée à moi-même
une royauté, afin que vous mangiez et que vous buviez
à ma table dans mon royaume et que vous siégiez sur des
trônes pour juger les douze tribus d'Israël ». — Et le Seigneur continua : « Simon, Simon, voici que Satan est à l'af-
fût contre vous pour vous battre comme le blé. Mais, moi,
j'ai prié pour toi, afin que ta foi ne s'en aille pas. Ainsi
quand tu seras converti, affermis tes frères ». — Simon s'é-
cria vivement : « Seigneur, mais je suis disposé à aller avec
vous en prison, à la mort (Luc, XXII, 24-33). Quand bien
même tous les autres seraient scandalisés, moi, non ». — Jésus
lui dit : « En vérité, je te le dis, aujourd'hui même, cette
nuit, avant que le coq ait chanté deux fois, tu m'auras renié trois fois. » — Pierre protestait de plus belle : « Quand
bien même il me faudrait mourir avec vous, non, je ne vous
renierai pas ». Et les autres apôtres parlaient de même (Marc,
XXII, 30-31; Luc, id., 34).

S'adressant ensuite à tous les apôtres, Jésus leur demanda :
« Quand je vous ai envoyés sans bourse, sans besace et sans
chaussures, avez-vous manqué de rien? » — « Mais de rien, »
répondirent-ils. — Il reprit : « A présent, au contraire, que
celui qui a une bourse la prenne, et pareillement une besace.
Que celui qui n'en a pas vende son manteau pour acheter un
glaive. Car je vous le dis, voici que va s'accomplir en moi
cette prophétie des Ecritures : Il a été mis au rang des scé-

lérats. — Tout ce qui me concerne touche à sa fin ». Ses apôtres lui dirent : « Seigneur, nous avons ici deux glaives à notre disposition ». — « Il suffit », repartit Jésus.

Accompagné de ses disciples, il reprit alors, comme les jours précédents, le chemin du Mont des Oliviers (Luc, 39). Chemin faisant, il voulut profiter des derniers instants qui lui restaient pour épancher son amour dans le cœur de ses apôtres. Il le leur avait déjà fait connaître dans une confidence admirable; il voulut le leur dépeindre d'une façon sensible dans une image métaphorique et leur dit cette dernière et divine parabole :

« Je suis la vigne véritable, et mon Père est le vigneron. Tout rameau qui ne portera pas de fruit, il le coupera; tout rameau fructifère, il l'émondera, afin qu'il porte encore plus de fruits. Vous, vous êtes déjà purifiés par la parole que vous avez reçue de moi. Demeurez donc en moi, comme moi en vous; car de même que le rameau ne peut porter de fruit s'il ne demeure attaché à la vigne, il en serait de même pour vous si vous ne restiez pas unis. Je suis la vigne, vous, vous êtes les rameaux. Celui qui demeurera en moi comme moi en lui, portera beaucoup de fruits; car sans moi, vous ne pouvez rien faire. Si quelqu'un ne veut pas me rester uni, on le jettera dehors, comme un rameau détaché; il se desséchera, on le ramassera, on le jettera au feu et il y sera consumé. Si vous demeurez en moi, si mes paroles demeurent en vous, vous demanderez tout ce que vous voudrez, et cela vous sera accordé. Ce qui procurera la gloire de mon Père, c'est que vous portiez beaucoup de fruit et que vous deveniez mes disciples. Comme mon Père m'a aimé, de même je vous ai aimés, vous aussi; demeurez donc dans mon amour. Si vous gardez mes commandements, vous persévérerez dans mon amour, de même façon que moi; j'ai gardé les commandements de mon Père et persévéré dans son amour. Je vous parle ainsi afin que ma joie demeure en vous et que, de votre côté, votre joie soit surabondante.

» Voici mon commandement: c'est que vous vous aimiez les uns les autres comme je vous ai aimés moi-même. Et personne ne peut offrir une plus grande preuve d'amour que de donner sa vie pour ses amis. Vous êtes mes amis, vous, à condition toutefois de faire ce que je vous ai commandé. Je ne vous appelle pas mes serviteurs, parce que le serviteur n'est pas mis dans le secret des actions de son maître; je vous donne le nom d'amis, parce que tout ce que j'ai reçu des révélations de mon Père, je vous l'ai communiqué. Ce n'est pas vous qui m'avez choisi; c'est moi qui vous ai choisis et vous ai établis, afin que vous alliez, que vous portiez du fruit, un fruit achevé, de façon que tout ce que vous demanderez à mon Père, en mon nom, il vous l'accorde.

» Encore une fois, je vous commande de vous aimer les uns les autres. Si le monde vous hait, remarquez qu'il m'a haï le premier. Si vous étiez du monde, le monde vous reconnaîtrait pour siens et vous aimerait; mais parce que vous n'êtes plus du monde, que je vous en ai fait sortir par le choix que j'ai fait de vous, le monde vous hait pour cette cause-là même. Souvenez-vous des avertissements que je vous ai faits. Le serviteur n'est pas supérieur au maître. On m'a poursuivi; on vous poursuivra pareillement. On n'a pas voulu de mon enseignement; on ne voudra pas du vôtre.

» Ils agiront ainsi contre vous à cause de mon nom, parce qu'ils ne reconnaîtront pas Celui qui m'a envoyé. Si je n'étais pas venu, si je ne leur avais pas parlé, ils seraient excusables; désormais, ils n'ont plus d'excuse à apporter de leur faute. Celui qui me hait, hait pareillement mon Père. Si je n'avais pas fait au milieu d'eux des œuvres que personne autre que moi n'a jamais faites, ils seraient sans péché; à présent ils ont vu et ils me haïssent moi et mon Père. C'est ainsi qu'a été accomplie la prédiction inscrite dans leur Loi : « Ils m'ont haï gratuitement ».

» Quand le Consolateur, que je vais vous envoyer de chez mon Père, sera venu, cet Esprit de vérité qui procède du

Père vous rendra témoignage sur moi. Vous aussi vous me rendrez témoignage, vous qui, depuis le commencement, êtes avec moi.

» Je vous confie ces avertissements afin que vous ne soyez pas scandalisés. Ils vous chasseront de leurs synagogues et voici que l'heure va même venir où quiconque pourra vous mettre en croix croira offrir un sacrifice agréable à Dieu. Ils vous traiteront de la sorte parce qu'ils ne reconnaissent ni mon Père ni moi. Encore une fois, je vous ai prévenus, afin que lorsqu'arriveront ces événements, vous vous souveniez de mes prédictions. Je ne vous les ai pas faites plus tôt, parce que je restais alors avec vous. Mais à présent je m'en vais vers mon Père et personne d'entre vous ne me demande plus : Où allez-vous ? — Mais sous l'impression de mes dernières paroles, le deuil remplit vos âmes. Mais je vous dis la vérité. Il vous est avantageux que je m'en aille; car si je ne m'en vais pas, le Paraclet ne viendra pas vers vous. Au contraire, lorsque je serai parti, je vous l'enverrai. Par sa venue, il convaincra le monde au sujet du péché, de la justice et du jugement. Du péché, parce qu'il n'a pas cru en moi; de la justice, parce que je m'en vais vers mon Père et que vous ne me verrez plus; du jugement, parce que le Prince de ce monde est déjà jugé.

» J'aurais encore beaucoup à vous dire, mais vous n'êtes pas maintenant préparés à me comprendre. Quand viendra l'Esprit de vérité, il vous guidera dans l'intelligence de toute vérité; car il ne vous parlera pas de son fonds, mais ce qu'il aura entendu, il vous le communiquera et vous annoncera d'avance les choses à venir. Il me glorifiera, car il recevra de moi les vérités qu'il vous révélera. Vous allez encore jouir un peu de temps de ma présence; mais après un court espace de jours, vous me verrez de nouveau, parce que je vais à mon Père ».

Quelques-uns de ses apôtres se demandèrent entre eux : «Qu'est-ce que peut bien signifier ce qu'il nous dit: Un peu de temps et vous ne me verrez plus. — Et, de nouveau, un peu de temps et vous me verrez. — Et encore : *Je m'en vais vers mon Père ?* » — Et ils se répétaient : « Qu'est-ce que peut bien signifier ce qu'il nous dit : Encore un peu de temps ? Nous ne comprenons pas son langage. »

Jésus alla au-devant de la question qu'ils voulaient lui poser : « Vous vous interrogez mutuellement sur ce que je vous ai dit : Encore un peu et vous ne me verrez plus, et de nouveau encore un peu et vous me verrez. En vérité, en vérité, vous pleurerez, vous vous lamenterez ; le monde, lui, se réjouira. Vous, vous serez dans l'affliction ; mais votre affliction se changera en joie ; quand la femme est dans les douleurs de l'enfantement, la douleur l'étreint, parce que son heure est venue. Mais lorsque son enfant est né, elle ne se souvient plus de ses douleurs tant est grande sa joie d'avoir mis un homme au monde. *Pour vous, c'est aussi présentement l'heure de l'affliction ; mais j'apparaîtrai de nouveau à vos yeux, et votre cœur sera inondé de joie, et cette joie, personne ne pourra vous la ravir. Dans cette heure-là, vous ne me demanderez plus rien ; car en vérité, en vérité, je vous le dis, tout ce que vous demanderez à mon Père en mon nom, il vous l'accordera. Jusqu'à présent, vous n'avez rien demandé en mon nom ; demandez et vous recevrez, afin que votre joie soit débordante. Je vous avais expliqué cela en paraboles ; à l'heure présente, je ne vous parle plus en figures, mais je m'exprime ouvertement avec vous sur ce qui concerne mon Père. Ce jour-là, où vous ferez vos demandes à mon Père, en mon nom, je ne vous dis même pas que je prierai mon Père pour vous. Car mon Père aussi vous aime, parce que vous m'avez aimé et cru que j'étais venu de chez Dieu. Je suis venu de chez mon Père ; je suis apparu dans le monde. A présent, je quitte le monde et je retourne à mon Père* ».

Ses apôtres lui répondirent : « Voici en effet que maintenant, vous nous parlez ouvertement et sans l'ombre de figures.

Nous comprenons aussi maintenant que vous savez tout, et n'avez pas besoin qu'on vous exprime, par aucun signe extérieur, les pensées les plus intimes. A ce signe-là, nous croyons que vous êtes venu de Dieu ».

« Oui, reprit Jésus, vous croyez en ce moment; mais voici que va venir l'heure et elle arrivera à l'instant, où vous serez dispersés chacun en son particulier, et où vous m'abandonnerez seul. Seul, non, je ne serai pas seul; mon Père restera avec moi. Je vous parle ainsi afin que vous ayez paix en moi. Dans le monde, vous trouverez la tribulation; mais, ayez confiance : j'ai vaincu le monde! »

Après ces épanchements adressés à ses apôtres, Jésus éleva ses yeux vers le ciel et dit cette prière : « Père, l'heure est venue. Glorifiez votre Fils afin que votre Fils vous glorifie dans la mesure de cette puissance que vous lui avez donnée sur toute chair, afin qu'à tout ce que vous lui avez donné, il leur donne à son tour la vie éternelle. Cette vie éternelle consiste en ce qu'ils vous connaissent, vous, le seul Dieu véritable et celui que vous avez envoyé, Jésus-Christ.

» Je vous ai glorifié sur la terre; j'ai accompli l'œuvre dont vous m'aviez chargé. Maintenant, Père, glorifiez-moi, près de vous, de cette gloire que j'avais avant que le monde n'existât devant vous.

» J'ai manifesté votre nom aux hommes que vous m'avez donnés en les tirant du monde. Ils étaient à vous; vous me les avez donnés, et ils ont gardé votre parole. Maintenant, ils ont compris que ce que vous m'avez donné est en vous. Les paroles que vous m'avez données, je les leur ai données; ils les ont reçues et ils ont reconnu véritablement que je suis venu de chez vous; ils ont cru que vous m'avez envoyé. Je vous prie pour eux; je ne vous prie pas pour le monde, mais pour ceux que vous m'avez donnés, parce qu'ils sont vôtres, ainsi que tout ce qui est à vous est à moi, et tout ce qui est à moi est à vous; et j'ai été glorifié en eux.

» Voici que je ne vais plus être dans le monde, et eux, ils vont rester dans le monde pendant que moi je viens vers vous. Père saint, gardez-les en votre nom, ceux que vous m'avez donnés, afin qu'ils soient un comme nous. Tant que j'étais avec eux dans le monde, je les gardais en votre nom ; oui, ceux que vous m'avez donnés, je les ai gardés, et nul d'eux n'a péri si ce n'est le fils de la perdition, comme cela devait être pour l'accomplissement des Ecritures. Voici que présentement, je viens à vous, et je leur laisse mes dernières paroles ici-bas, afin qu'ils puissent garder ma joie débordante en leurs cœurs.

» Je leur ai donné votre parole, et le monde les a haïs. C'est qu'ils ne sont plus de ce monde, comme moi-même je ne suis pas du monde. Je ne vous demande pas de les enlever du monde, mais que vous les préserviez du Malin. Ils ne sont plus du monde, comme moi-même je ne suis pas du monde. Sanctifiez-les dans votre vérité, cette vérité qu'est votre parole.

» De même que vous m'avez envoyé dans le monde, moi aussi, je les envoie dans le monde, et pour eux, je me sanctifie afin qu'ils soient eux-mêmes sanctifiés dans la vérité. Je ne prie pas exclusivement pour eux, mais encore pour tous ceux qui, par le moyen de leur parole, croiront en moi, afin que tous soient un. Comme vous, mon Père, êtes en moi, et moi, en vous, ainsi qu'eux aussi soient un en nous, afin que le monde croie que vous m'avez envoyé. Cette gloire que vous m'avez donnée, je la leur ai donnée, c'est-à-dire qu'ils soient un, comme vous et moi, nous sommes un, que moi je sois en eux, et vous en moi, afin que je parachève en eux ce mystère de l'unité, et que le monde soit obligé de reconnaître que vous m'avez envoyé par un amour pour eux semblable à celui dont vous m'avez aimé.

» Père, ceux que vous m'avez donnés, je veux que, où je suis, ils soient, eux aussi, avec moi, afin qu'ils puissent contempler la gloire que j'ai reçue de vous parce que vous m'avez aimé avant la création du monde. Père juste, le monde ne veut pas vous connaître. Moi je vous connais, et ceux-ci ont reconnu que vous m'avez envoyé. Je leur ai révélé votre nom, et je le leur révélerai, afin que l'amour dont vous m'avez aimé soit en eux aussi indéfectiblement que moi-même je demeurerai en eux » (Jean, XVII).

Tout commentaire, toute explication à ces sublimes enseignements testamentaires de Jésus seraient superflus et téméraires. Comme le lui disaient ses apôtres, Jésus a laissé tout voile de langage; ses affirmations sont aussi directes et absolues que claires et lumineuses. La communion intime entre son Père et lui, l'identité de pensée, de puissance, d'opération et d'amour, la préexistence même du Messie, antérieure à toute création, sont affirmées de la façon la plus indiscutable et la plus précise. Jésus faisait ainsi jaillir au cœur de ses apôtres ces sources vives de foi et d'amour auxquelles viendraient s'abreuver toutes les générations humaines jusqu'à la fin des temps. Il affirmait pareillement à nouveau que son royaume serait, non pas le pouvoir d'une domination mondaine et matérielle sur les territoires et les races humaines, mais l'association fondée sur la foi et l'amour d'âmes éprises de la sainteté et de la perfection morale.

Ces épanchements d'un amour infini pour ses disciples, coulant plus doux que le miel, plus suaves qu'aucune ambroisie des lèvres de Jésus, au moment même où il marche très sciemment à la mort par l'horrible supplice de la Croix, cette maîtrise imperturbable de soi-même, cette douceur surhumaine toute tournée à l'affection et qui n'a pas une allusion de reproche et d'aigreur contre ceux qui le trahissent, le renient et sont déjà en route pour le saisir et le faire périr, cette sérénité de conscience et de foi en soi-même qui annonce que son triomphe sortira, invincible et indestructible de ce qui est en apparence la défaite suprême; cette autorité qui, au pied du gibet, dispose du monde et de l'éternité, ce sont là des phénomènes absolument uniques, auxquels jamais rien n'a ressemblé dans l'histoire de l'humanité. Ce qui est plus prodigieux encore et plus humainement inexplicable, ces épanchements d'amour infini, cette prière divine, dont chacune des lignes est une prophétie de l'avenir, se justifient depuis deux mille ans par les faits et les événements de l'histoire, malgré les efforts toujours hostiles du monde, les persécutions ou les massacres dont n'ont pas cessé d'être victimes les véritables disciples de Jésus.

L'AGONIE. — L'ARRESTATION.

JÉSUS DEVANT LE SANHÉDRIN.

Ces entretiens avaient conduit Jésus et ses apôtres au delà du torrent du Cédron. Sur les flancs du Mont des Oliviers qui en surplombait le lit, souvent desséché, s'ouvrait une grotte dans laquelle Jésus avait coutume de se réfugier avec ses apôtres et c'est précisément sur la connaissance qu'il avait de cet usage que Judas avait dressé son plan pour livrer son Maître (Jean, XVIII, 1-2).

Jésus, laissant huit de ses apôtres sous cet abri, leur dit : « Restez ici pendant que je vais m'éloigner un peu pour prier ». Et prenant avec lui Pierre et les deux fils de Zébédée, il commença à ressentir des impressions d'affliction et d'angoisse. « Mon âme, dit-il à ses trois témoins, est angoissée jusqu'à la mort; demeurez ici et veillez avec moi. » Il s'écarta un peu, à la distance d'un jet de pierre, se laissa tomber la face contre terre, et se prit à prier en ces termes : « Mon Père, s'il est possible, et tout vous est possible, (Marc, XIV, 36) éloignez de moi ce calice. Pourtant, qu'il en soit non pas ce que je veux, mais ce que vous voulez (*Ibid.*, 36). Alors lui apparut un Ange du ciel pour le réconforter (Luc, XXII, 43). Il se releva et vint trouver ses trois apôtres qu'il trouva endormis. Il réveilla Pierre et lui dit : « Comment, vous n'avez pas pu veiller une heure avec moi? Veillez et priez afin que vous n'entriez pas en tentation. L'esprit est prompt, mais la chair est faible.

Il retourna ensuite d'où il était venu et recommença la même prière : « Mon Père, si ce calice ne peut s'éloigner de moi, s'il faut que je le boive, que votre volonté s'accomplisse ». Et il revint vers ses trois apôtres qu'il trouva plus endormis que jamais, à tel point qu'il ne put les réveiller ni en obtenir une réponse intelligible (Marc, XIV, 40). Il retourna donc une troisième fois au lieu de sa prière, qui était toujours la même. Son angoisse devint une agonie qui rendit sa prière plus pressante. Il éprouva une sueur semblable à des filets de sang qui se caillent en coulant par terre. Puis il se releva, sa prière finie, revint vers ses trois apôtres et leur dit : « Vous pouvez maintenant dormir et vous reposer. C'en est fait, l'heure est venue ; voici que le Fils de l'homme est livré aux mains des pécheurs. Levez-vous, allons. Voici que le traître approche » (Marc, 41-42).

Judas, dès qu'il eut quitté la salle du festin, s'en alla raconter aux Grands Prêtres les incidents qui venaient de se produire. Il n'eut pas de peine à les convaincre qu'il était urgent d'en finir ce soir-là même. Des ordres furent immédiatement donnés à l'un des capitaines de la milice du temple d'aller, avec sa cohorte, sous la direction de Judas, s'emparer de Jésus. A cette force régulière, se joignit une bande de valets des Grands Prêtres et des Pharisiens, munie de lanternes, d'armes et de bâtons. Le traître leur avait donné ce mot d'ordre : Celui à qui je donnerai un baiser est celui qu'il faudra arrêter et soigneusement enchaîner ». Tous ces préparatifs témoignent une fois de plus de la peur effroyable que les Juifs avaient de Jésus. Ils mobilisent un petit corps d'armée contre un seul homme ; et ce n'est qu'au milieu de la nuit, se confiant dans la trahison de l'un des siens, qu'ils osent se hasarder à essayer de s'emparer de lui. Les procédés de ces chefs juifs qui prétendaient se donner des airs de justiciers ressemblent à une expédition de bandits (Matth., XXVI, 47-48 ; Marc, XIV, 43-44 ; Luc, XXI, 47 ; Jean, XVIII, 3).

La troupe de Judas arriva au Jardin des Oliviers au moment même où Jésus annonçait sa présence. Judas se détacha un peu en avant, vint à Jésus et lui dit : « Bonjour, Maître », et l'embrassa. Jésus lui dit : « Compagnon, que viens-tu faire? (Matth., 16) Judas, tu livres le Fils de l'homme par un baiser! » (Luc, 48).

La troupe, qui n'attendait que ce signal, s'élança pour saisir Jésus. Il s'avança au devant d'elle et dit : « Qui cherchez-vous? » On lui répondit : « Jésus de Nazareth ». — « C'est moi ». — Judas s'était, à ce moment, éloigné de Jésus et était rentré dans le rang de ses hommes. Il paraîtrait, tout décidé qu'il fût à trahir, qu'il se refusait pourtant à porter les mains sur son Maître.

Dès que Jésus eut répondu aux hommes venus pour l'arrêter: C'est moi! ils furent, par une force invisible, projetés en arrière et tombèrent à terre. — Jésus voulut leur faire constater par leur propre expérience que, seul contre eux tous, il était infiniment plus puissant qu'eux, et que s'il se laissait saisir, c'était bien par un effet de son propre consentement.

Ils se relevèrent, et, de nouveau, Jésus leur demanda : « Qui cherchez-vous? » — « Jésus de Nazareth. » — « Je vous l'ai dit : c'est moi! Si c'est moi que vous cherchez, laissez donc aller ceux-ci ». Quelques heures auparavant, Jésus avait en effet affirmé à ses apôtres qu'il ne laisserait périr aucun de ceux que son Père lui avait donnés (Jean, *ibid.*, 9).

Les arrestateurs, comprenant à ces mots qu'ils n'avaient plus rien à craindre, se jetèrent sur Jésus et se saisirent de lui. Pierre, à ce spectacle, eut un sursaut d'indignation et de courage. Des cris s'élevèrent parmi les apôtres : « Défendons notre Maître » (Luc, *ibid.*, 49). Pierre, tirant son épée, en déchargea un coup mal assuré sur la tête d'un des serviteurs du Grand Prêtre, nommé Malchus, et lui enleva une oreille.

Jésus lui dit : « Remets ton épée dans le fourreau. Veux-tu que je refuse de boire le calice que me présente mon Père?

tous ceux qui prendront l'épée périront par l'épée! » Ainsi
l'épée, la guerre, ne sont pas des solutions. La violence appelle la violence; la force brutale change de côté et de milieu; et partout le sang coule sans trêve et sans interrup-
tion.

« Ne crois-tu pas, continua Jésus, que je pourrais recourir
à mon Père qui m'enverrait à l'instant plus de douze légions
d'anges. Mais comment s'accompliraient les Ecritures qui ont
prédit l'avènement de ces faits? Laissez présentement faire ces
gens. » Il s'approcha du blessé, remit son oreille en place
et le guérit. Quelques chefs de familles sacerdotales, quelques
anciens du Temple s'étaient joints aux soldats du Temple pour
jouir plutôt de l'arrestation de leur ennemi. Jésus leur dit,
de façon à être entendu également par toute la troupe : « Vous
êtes venus à moi avec des épées et des bâtons pour me saisir
comme un bandit. Tous ces jours passés, j'étais au milieu
de vous dans le Temple et vous n'avez pas mis les mains sur
moi. Mais c'est présentement votre heure, c'est maintenant la
puissance des ténèbres ».

Les apôtres de Jésus, voyant qu'il renonçait à se défendre
lui-même et qu'il empêchait même les efforts faits pour le
délivrer, comprirent que tout était fini pour leur Maître.
Découragés, désespérés, ne pensant plus qu'à leur propre
conservation, ils « l'abandonnèrent et s'enfuirent » (Marc, XIV,
50). Un jeune juif, éveillé par le bruit de la troupe en marche,
s'était levé à la hâte, et, poussé par la curiosité, sans prendre
le temps de s'habiller, après s'être enveloppé d'un simple drap,
l'avait suivie jusqu'au jardin. D'autres jeunes gens de son
âge voulurent le saisir; mais leur abandonnant entre les mains
le morceau d'étoffe qui le couvrait, il réussit à s'échapper ainsi
(Marc, XIV, 50-52).

Toute la cohorte de miliciens et de valets, après s'être ainsi
saisi de Jésus et l'avoir garrotté, reprit le chemin de la ville
et de la demeure des Grands-Prêtres. Pendant que la troupe
commandée pour ce coup de main allait s'emparer de Jésus,

des émissaires étaient envoyés pour avertir les membres du sanhédrin de se réunir à l'heure même pour procéder sans délai à l'interrogatoire et à la condamnation de Jésus. Quand la divine Victime arriva dans la cour de la demeure d'Anne, celui-ci se fit amener Jésus pour l'interroger en particulier (Jean, *18*, 13). Anne était grand prêtre, le beau-père de Caïphe, investi de cette suprême fonction cette année-là même, le père et le grand-père de plusieurs générations de pontifes, qui se passèrent l'un à l'autre cette dignité jusqu'au jour de la destruction de Jérusalem. C'était donc l'homme le plus influent de la nation, le véritable maître de la politique juive.

Anne interrogea Jésus au sujet de ses disciples et de son enseignement. Jésus lui répondit : « J'ai parlé au monde en toute franchise. J'ai enseigné publiquement dans la synagogue et dans le Temple, le centre de réunion de tous les Juifs; je n'ai pas eu de doctrines secrètes. Alors que me demandez-vous ? Interrogez mes auditeurs sur ce que je leur ai enseigné; assurément, ils savent très bien ce que j'ai dit » (Jean, *18*, 19-21). Au moment où il achevait cette réponse, l'un des valets du Grand Prêtre s'approcha de Jésus et le souffleta en lui criant : « C'est ainsi que tu réponds au Grand Prêtre ! » — « Si j'ai mal parlé, dit Jésus, explique en quoi mon langage a été répréhensible. Mais, si j'ai parlé correctement, pourquoi me frappes-tu ? » — Anne n'en pouvant obtenir d'autres éclaircissements, l'envoya, toujours enchaîné, à Caïphe, le Grand Pontife (*ibid.*, 14). C'était ce Caïphe qui, dans un conciliabule précédent, condamnant par avance Jésus, avait emporté le vote de l'assemblée sur ce principe : Qu'il valait mieux qu'un homme pérît afin de prévenir la destruction du peuple (*ibid.*, 14). On connaît à ce trait avec quelle impartialité il pouvait diriger le tribunal devant lequel Jésus allait comparaître.

Cependant le sanhédrin, après qu'un nombre suffisant de chefs de familles sacerdotales, d'anciens du peuple et de scribes eurent été réunis, se forma en séance (Marc, *14*, 53).

On chercha d'abord à faire articuler contre Jésus, par de faux témoins, quelque grief suffisant pour motiver une sentence de mort. Ces témoins volontaires ne manquèrent pas, mais il ne s'en trouva pas deux dont les témoignages fussent concordants, et les affirmations successives se détruisaient l'une l'autre. Il y en eut qui vinrent déposer : « Nous lui avons entendu dire : Je détruirai ce temple fait de main d'homme, et, dans trois jours, j'en relèverai un autre qui ne sera pas fait de main d'homme. »

En désespoir de cause, le Grand Pontife se leva de son siège de Président, et, s'adressant à Jésus, lui dit : « Tu ne réponds pas aux accusations que ces témoins apportent contre toi? » — Jésus continua à garder le silence. Le Grand Pontife insista : « Au nom du Dieu vivant, je t'adjure de nous dire si tu es le Messie, fils de Dieu. » — Jésus lui répondit : « Vous l'avez dit. De plus, je vous l'affirme, désormais, vous verrez le Fils de l'homme assis à la droite de la Puissance de Dieu, et venant sur les nuées du ciel » (Matth., 26, 59-65; Marc, 14, 55-63; Luc, 66-71).

Le Grand Pontife, comme sous l'impression d'une immense douleur religieuse, déchira ses vêtements en s'écriant : « Il a blasphémé! Nous l'avons entendu de sa bouche. Qu'avons-nous besoin de témoins? Que vous en semble? » Ils répondirent : « Il est digne de mort » (Matth., 26, 65-66; Marc, 14, 63-64; Luc, 22, 70-71).

Dans cette assemblée d'assassins qui ferme la bouche à l'accusé sur la première réponse qu'il fait, à la suite de la première affirmation qu'il apporte, sans lui permettre de produire une preuve ou une explication, ni d'essayer le moindre moyen de défense, il ne paraît pas cette fois s'être trouvé un seul avocat de la victime d'avance condamnée. Le haineux calcul des chefs avait très probablement fait omettre la convocation de ceux des membres du Conseil qu'on savait favorables à Jésus. C'est l'unanimité de ce Conseil Suprême, qui représente officiellement la nation juive, qui condamne ainsi à mort l'homme impeccable, contre lequel aucun témoignage valable n'a pu être produit, uniquement, parce que solennellement, sous la foi du serment le plus inviolable et le plus sacré, il affirme qu'il est le Messie, promis et attendu pour la délivrance du peuple. Ce tribunal d'aveugles repousse, par la question préalable qu'on ne discute même pas, l'affirmation de l'avènement messianique. La question même d'existence de sa race, de la raison d'être et de la mission de sa nationalité dans le monde, toutes les espérances du peuple juif, toutes ses promesses de grandeur et de puissance sont indissolublement liées au règne du Messie. Tout est satanique dans ce jugement : l'heure, l'hypocrisie de justice, la comédie de zèle religieux, la profanation du serment au nom du Dieu Très-Haut, employé comme piège pour accabler unanimement une innocente victime, d'avance condamnée.

Deux des apôtres de Jésus, Pierre et Jean, l'avaient suivi, en se glissant derrière la bande de Judas. Jean avait quelques connaissances dans la demeure des Grands Pontifes, et avait pu y pénétrer en même temps que Jésus. Pierre arrivé un peu plus tardivement, était d'abord resté en dehors. Jean alla le trouver pour le faire entrer avec lui. Quand l'esclave qui faisait l'office de portière vit passer Pierre devant elle, elle crut le reconnaître et se prit à lui dire : « Mais vous, vous êtes un disciple de cet homme ? » — « Je ne le suis pas », dit Pierre, et il passa. Pendant la séance du sanhédrin, les soldats et les valets avaient fait un brasier au milieu de la cour, et s'étaient rangés autour pour se chauffer. Pierre vint se mêler au milieu d'eux, et à ce moment l'on entendit pour la première fois le chant matinal du coq.

Une autre servante, qui se trouvait parmi la foule autour du brasier, dévisagea à son tour Pierre et dit à ses voisins en le montrant du doigt : « Mais celui-ci était avec Jésus de Nazareth ! » Naturellement, il y avait là, pour la plupart, des hommes grossiers, ennemis déjà déclarés de Jésus qui n'eurent rien de plus pressé que de relever méchamment l'accusation de la femme. Plusieurs s'approchèrent de Pierre et lui crièrent : « Mais, oui, tu es d'avec lui ». — Et Pierre le dénia avec serment : « Je ne connais pas cet homme ». — Une heure environ se passa, et cette femme entêtée renouvela hautement autour d'elle sa malfaisante observation. Elle fut entourée Un groupe d'hommes très mal disposés entoura Pierre et lui cria avec colère : « Oui, tu es bien d'avec lui. On voit bien à ton patois que tu es Galiléen ». Un serviteur du Grand Pontife, parent de Malchus à qui Pierre avait coupé l'oreille s'approcha et le reconnut : « N'est-ce pas toi, lui dit-il, que j'ai vu dans le jardin ? » Le malheureux Pierre, âme simple et dévouée, peu habitué à affronter les emportements de gens grossiers et brutaux, se troubla tout à fait et perdit la tête. Il se voit, lui aussi, déjà enveloppé par ces furieux, maltraité et peut-être cruellement mis à mort. Oublieux de ses belles protestations de l'heure précédente, il ne pense plus qu'à sauver sa vie par n'importe quel moyen, et il se mit à crier, lui aussi, avec des serments et des exécrations : « Mais non, non, je ne connais pas cet homme! » On le lâcha. A peine eut-il retrouvé sa liberté, que le chant du coq se fit entendre pour la seconde fois. Pierre alors se ressouvint de la prédiction de Jésus. Il s'enfuit loin des lieux témoins de sa lâcheté en versant d'amères larmes de remords. (Matth., *26*, 69-75 ; Marc, *14*, 66-72 ; Luc, *22*, 54-62 ; Jean, *18*, 15-19, 25-27).

A ce moment-là même, Jésus condamné à l'issue de la séance tenue chez Caïphe, sortait, enchaîné, aux mains de ses geôliers. Au lieu de l'enfermer pour le reste de la nuit dans une prison, la haine odieuse autant que criminelle de ses bourreaux, masqués en juges, trouva amusant de le livrer en proie de dérision à toute la valetaille qui se chauffait dans la cour. On l'entoura, on se mit à l'injurier et à le frapper, à lui cracher au visage. Puis on lui banda les yeux, l'on fit un jeu de le souffleter et, après chaque coup, on lui demandait en ricanant : « Messie, devine qui t'a frappé »; le tout entremêlé d'injures et de blasphèmes. Les valets des Pontifes et des Prêtres se distinguèrent entre tous par leur insolente barbarie (Matth., *26*, 67-68; Marc, *14*, 65; Luc, *22*, 63-65).

Au matin, dès le point du jour, le Sanhédrin se réunit de nouveau officiellement, au grand complet, les chefs des familles sacerdotales, les anciens du peuple et les Rabbi, sous la présidence du Grand Pontife. Ils avaient décidé de livrer Jésus à la justice du Procurateur et de l'inculper de crimes politiques, entraînant, d'après le droit romain, la peine capitale. Ils ne voulaient pas qu'on pût leur apporter cette récusation qu'ils l'avaient interrogé et condamné eux-mêmes d'après des formes indues, dans une séance nocturne. Jésus fut amené une seconde fois devant l'Assemblée. Ils lui firent cette sommation : « Si vous êtes le Messie, dites-le-nous ». — Jésus leur répondit : « Si je vous le dis, vous n'en croirez rien. Si je cherche à vous interroger à mon tour, vous ne me répondrez pas ni ne me laisserez aller en liberté. A partir de ce moment, le Fils de l'homme siégera à la droite de la Puissance de Dieu ». Ils lui dirent d'une commune voix : « Vous êtes donc le Fils de Dieu? » — Jésus leur répondit : « Vous le dites; je le suis ». — Et le Conseil de s'écrier : « Qu'avons-nous encore besoin de témoignage? Nous avons entendu l'aveu de sa propre bouche ».

L'incident de Judas, qui suit immédiatement après, dans le récit de l'évangéliste saint Matthieu, pourrait incliner à croire que cette deuxième séance du sanhédrin se tint dans le Temple même. En effet, ce traître, voyant qu'en conséquence de son acte, son Maître était définitivement condamné, fut pris d'une crise de désespoir farouche. Il rapporta aux Grands Pontifes et aux anciens les trente deniers, prix de sa trahison et les leur présenta en disant : « J'ai péché en livrant le sang innocent ». Mais, chez ces Juifs endurcis, la haine étouffait la voix même du sang innocent. — « Que nous importe;

c'est à toi d'aviser. » — Judas jeta l'argent sur le pavé du Temple et sortit de là pour aller se pendre. Les Grands Prêtres firent ramasser les deniers de la trahison et se consultèrent sur leur emploi. « Il n'est pas possible, dirent-ils, de les mettre dans le Corban, car ils sont le prix du sang ». Ils se décidèrent à les employer à l'achat d'un coin de champ appartenant à un potier, dont on ferait un terrain de sépulture pour les étrangers. Ce fut à cause de cela, ajoute l'évangéliste Matthieu, qu'on lui donna le surnom d'Haceldama ou champ du sang, sous lequel il était encore désigné à l'époque où l'apôtre publiait son évangile, comme il en témoigne lui-même. Ainsi s'accomplissait, ajoute-t-il, une prophétie de Jérémie : « Ils ont pris les trente pièces d'argent, le prix d'estimation de celui du fils d'Israël qu'ils ont ainsi mis à prix. Et ils ont employé cet argent à l'achat du champ du potier, ainsi que Jahvé me l'a ordonné » (Matth., *27*, 3-10).

LE PRÉTOIRE DE PILATE.

Après la séance du matin et la nouvelle sentence de condamnation, le sanhédrin, accompagné d'une masse de peuple, alla livrer Jésus toujours enchaîné et traité ainsi comme un criminel convaincu, entre les mains de Ponce Pilate, le Procurateur romain. Le prétoire où ce juge païen rendait la justice était, aux yeux de ces hypocrites qui filtraient les moucherons et avalaient un chameau, une terre impure. Ils ne pouvaient y poser les pieds sans contracter une impureté légale qui leur rendait impossible de prendre part au festin et aux pains azymes de la Pâque. Mais de forcer Pilate à verser un sang plus innocent que celui d'Abel, ça n'était pas pour ces Caïns une matière de scandale.

Devant ce tribunal païen, ce furent des accusations politiques qu'ils apportèrent, formulées d'abord dans ces termes : « Nous avons trouvé cet individu en flagrant délit de pousser à la sédition le peuple auquel il défendait de payer le tribut à César, en même temps qu'il affirmait être lui-même le Messie-Roi. » Pilate, entendant le tumulte et les cris de cette foule amassée devant sa résidence, averti du scrupule qui l'empêchait de pénétrer jusqu'à lui, vint à elle et demanda quels étaient leurs griefs contre le prisonnier qu'ils lui amenaient. Ils répétèrent leurs accusations et ajoutèrent : « Si ce n'était pas un malfaiteur, nous ne vous l'aurions pas amené. » Pilate, voyant du premier coup qu'il ne s'agissait que de querelles relatives à la religion juive, leur dit : « Citez-le à votre propre tribunal et jugez-le selon votre loi ». Les Juifs lui répondirent : « Il ne nous est plus permis de prononcer contre personne la sentence capitale ». C'était donc ainsi de parti pris et avant tout interrogatoire le supplice de Jésus qu'ils prétendaient exiger du Procurateur romain. Les peines morales de l'excommunication, les châtiments corporels de la confiscation et de la flagellation qu'ils avaient conservé le droit d'infliger à leurs coreligionnaires, dans leurs synagogues, ne leur suffisaient pas contre Jésus. C'était son sang qu'il leur fallait.

Pilate rentra dans son prétoire et interrogea son prisonnier : « Etes-vous le roi des Juifs? » — Jésus lui répondit : « Me demandez-vous cela de vous-même ou sur le rapport d'autrui? » — « Est-ce que je suis Juif, moi, lui dit Pilate? Ta race et ses Grands Pontifes t'ont mis entre mes mains. Qu'as-tu fait? »

Jésus lui répondit : « Mon royaume n'est pas de ce monde. Si mon royaume était de ce monde, mes serviteurs auraient combattu pour que je ne fusse pas livré aux Juifs. Mais à présent, mon royaume n'est pas d'ici-bas ». — Pilate insista : « Mais encore es-tu donc Roi? » — « Vous dites bien, je suis Roi. Je suis né dans ce monde, j'y suis venu dans le but exclusif d'être le témoin de la vérité. Quiconque est du parti de la vérité entend ma voix! » — Pilate l'interrompit : « Qu'est-ce que la vérité? » Puis, sans attendre la réponse, il retourna vers les Juifs et leur dit : « Il n'y a à l'encontre de votre accusé aucun grief sérieux ». (Jean, *18*, 28-39).

Les Grands Prêtres et toute la foule redoublèrent avec violence leurs accusations : « Il soulève le peuple par ses enseignements dans toute la Judée, depuis la Galilée où il a commencé jusqu'à Jérusalem ».

Pilate, en entendant ce mot de Galilée, crut avoir trouvé un moyen habile de se débarrasser personnellement de cette affaire. Il s'informa si cet homme était un habitant de la Galilée. Ayant découvert qu'il était bien de la tétrarchie d'Hérode et le sujet de son tribunal, il fit taire à ce moment sa vieille rancune contre ce prince qui, peu auparavant, dans une affaire où les passions religieuses des Juifs étaient en jeu, lui avait, par ses sollicitations, attiré un désaveu de la part de l'empereur Tibère. Il avait été en conséquence, obligé de rapporter une de ses décisions; il renvoya donc la cause et le prisonnier à Hérode. Celui-ci se trouvait, en effet, lui aussi, à Jérusalem, en raison de la fête de Pâques.

Hérode fut très joyeux de ce qu'on forçait Jésus à comparaître devant lui. Ce voluptueux et lâche meurtrier de Jean-Baptiste désirait vivement, depuis longtemps, voir Jésus de qui il avait tant entendu parler, et il se promettait d'obtenir qu'il fît quelque prodige sous ses yeux. Il l'interrogea donc et renouvela ses questions sous toutes ses formes. Jésus ne lui répondit pas un mot. Pourtant, les Grands Prêtres et les scribes avaient poursuivi leur victime et accumulaient de concert leurs accusations contre elle.

Hérode traita donc Jésus comme homme de rien, le livra aux railleries et aux brutalités de ses satellites, et, après l'avoir fait affubler d'une robe blanche, il le renvoya à Pilate. A cette occasion et à partir de ce jour-là, Pilate et Hérode se réconcilièrent et il ne fut plus question de leur vieilles inimitiés (Luc, *23*, 1-12).

Jésus fut donc ramené au prétoire de Pilate par ses geôliers. Le Procurateur fit à nouveau comparaître Jésus devant lui et voulut lui faire subir un nouvel interrogatoire ; mais il n'ouvrit pas une seule fois les lèvres pour répondre aux accusations élevées contre lui. Pilate, tout déconcerté par cette attitude calme et imperturbable de son prisonnier, s'adressa de nouveau aux Grands Prêtres, aux chefs et à tout le peuple rassemblé, et leur dit : « Vous avez amené à mon tribunal cet homme en l'accusant de soulever le peuple : je l'ai donc interrogé devant vous, et je n'ai rien découvert qui pût justifier aucun des griefs que vous éleviez contre lui. De plus, Hérode a été du même avis. Car je vous ai renvoyés devant lui, et il a jugé qu'il n'y avait dans l'affaire de cet accusé rien qui méritât la mort. Je vais donc, après lui avoir fait une réprimande convenable, le remettre en liberté (Luc, *ibid.*, 16). Il est d'ailleurs dans mes usages de vous accorder la liberté d'un Juif à l'occasion de la fête de Pâque. Eh bien, je vous accorderai la grâce du Roi des Juifs » (Jean, *18*, 39).

Les Grands Prêtres comprirent très bien que Pilate ne cherchait qu'un expédient pour mettre Jésus en liberté. L'affirmation solennellement renouvelée de son innocence ne faisait qu'accroître jusqu'à la fureur leur haine mortelle. Ils trouvèrent dans la proposition même de grâce que leur faisait Pilate un nouveau moyen d'échauffer contre Jésus l'excitation et les cris de la populace qui suivait aveuglément leur direction. Il y avait alors dans les prisons du Procurateur, une espèce de bandit qui, s'étant fait une troupe de compagnons, avait occasionné à Jérusalem, une échauffourée dans laquelle il y avait eu mort d'hommes. Il avait été, pour ce crime, mis aux fers avec ses complices. Il semble que, dans l'espoir de mieux assurer le succès de sa tactique, Pilate avait fait entendre aux Juifs qu'il leur laissait le choix entre Jésus et Barabbas.

Les chefs du complot contre Jésus persuadèrent au peuple assemblé de réclamer la grâce de Barabbas. Le mot d'ordre passa rapidement dans les rangs et bientôt une clameur, comme savaient en pousser les Juifs, s'éleva : « Mort, mort à Jésus ! Grâce pour Barabbas ! » (Marc, *15*, 7-8).

Pilate comprit, de plus en plus, qu'il avait affaire à un complot de haines et de jalousies mortelles organisé par les Grands Prêtres (Marc, *15*, 10 ; Matth., *27*, 19) et se crut d'autant plus obligé de sauver Jésus (Luc, *23*, 21). Il était d'ailleurs confirmé dans cette résolution par un incident domestique. Sa femme venait de lui faire parvenir, à l'instant même, sur son tribunal, cet avis significatif : « Ne vous compromettez en rien dans l'affaire de ce juste, car cette nuit, j'ai horriblement souffert, en rêve, à cause de lui ».

Aussi, profitant d'un temps de répit où avaient cessé de retentir les cris de mort, Pilate demanda à son tour aux Juifs : « Mais que voulez-vous donc que je fasse de celui que vous avez surnommé le Roi des Juifs ? » — Et la clameur s'éleva de nouveau : « Crucifiez-le ! Crucifiez-le ! » « Mais enfin, demanda pour la troisième fois Pilate, quel mal a-t-il fait ? Je ne trouve en lui rien qui mérite la mort. Je lui infligerai une correction et le mettrai en liberté ». Et les voix de l'émeute crièrent, plus fortes et plus haineuses : « Qu'il soit crucifié ! » Elles montaient comme des voix de tonnerre et c'était les Grands Prêtres qui donnaient le signal et le ton (Luc, 18-23 ; Matth., *27*, 16-23 ; Marc, *15*, 7-14). Pilate, pris dans ses propres filets, dut donc accorder aux Juifs la grâce de Barabbas, et le fit mettre sur l'heure en liberté (Luc, 23-25).

Voilà donc ce que la criminelle ambition de la race juive, des maîtres du pharisaïsme, a fait de l'âme de son peuple. Elle y éteint toute pitié, toute conscience, la remplit de la haine du juste, lui fait exiger, par des procédés d'émeute, le sang de l'innocent, de celui dont une notable partie des habitants de la Judée et de la Galilée ont éprouvé les bienfaits, vu les œuvres miraculeuses, qu'ils ont proclamé un grand prophète, le Messie, le Roi rédempteur promis à leurs ancêtres. Pilate lui-même vient de leur rappeler ce surnom et ces titres qui résument toute l'histoire de Jésus. Les Juifs

le renient en masse. Dans cette foule qui crie : à mort! à mort!
il y a non seulement un grand nombre d'habitants de Jérusalem, mais aussi des représentants des groupes dispersés
dans l'univers entier, qui sont venus en pèlerins au temple
pour la fête de la Pâque. Il s'agit bien d'une révolte nationale contre celui que se dit le Messie, et précisément à cause
qu'il prend ce titre, et que cela met en fureur la jalouse
ambition des Pharisiens; car ceux-ci ne veulent ni le reconnaître pour Maître, ni supporter ses condamnations et ses
reproches. Pour leur vengeance, ils ont fait de ce peuple,
qu'ils ont séduit, leur aveugle complice, des instruments
solidaires; ils ont livré accès jusqu'au fond de ces âmes, aux
démons de la violence et du meurtre. C'est la violence et le
meurtre qu'ils acclament dans Barabbas; c'est lui qui devient leur héros, duquel ils réclament la grâce et la délivrance par des suffrages impérieux.

Ce sera là désormais le caractère psychologique de la race
juive; elle ne s'arrêtera plus sur cette pente où l'a jetée le
crime de ses chefs qui ne pourront même plus l'en détourner aux jours les plus sombres, quand il s'agira de prévenir des calamités nationales.

Tous les faux Messies que, à partir de la mort du vrai
et unique Messie, Jésus, les Juifs aveugles et insensés accla-
meront dans le cours des siècles, depuis Theudas, Juda le
Galiléen, Banhochibas, etc., jusqu'à Sabbathias, Tzévi, en
l'an 1666, pour ne citer que ceux dont les noms ont été conser-
vés par l'histoire, au nombre d'une trentaine, ne seront que
de fieffés imposteurs ou de sanguinaires conspirateurs. L'empire qu'ils ont exercé dans le cours des âges sur l'incurable
fanatisme des Juifs n'a abouti qu'à faire périr, à diverses
époques, plusieurs millions d'hommes et à faire couler à
grands flots le sang des peuples, objets de leur haine, et,
plus souvent encore, leur propre sang.

Pilate, cependant, n'avait pas renoncé à son dessein de sauver Jésus. Après avoir accordé aux Juifs la libération immé-

diate de Barabbas, dans l'espérance de les calmer, il crut
qu'en faisant flageller Jésus et le montrant ensuite au peuple, tout meurtri et sanglant, il éveillerait en eux quelques
sentiments de pitié et qu'ils renonceraient après cela à exiger son supplice (Marc, *15*, 15).

Le Procurateur livra donc Jésus aux soldats romains qui
gardaient le prétoire, avec l'ordre de le flageller (Matth., *27*,
26-27; Marc, *15*, 15; Luc (?); Jean, *19*, 1). Toute la cohorte
s'amassa ensuite autour de Jésus dans le prétoire (Marc, *15*,
16). Et les soldats jetèrent sur les épaules sanglantes de Jésus
un lambeau de pourpre emprunté à leurs enseignes, ils tres-
sèrent une couronne d'épines qu'ils enfoncèrent sur sa tête.
Puis ils se mirent à lui rendre d'ironiques hommages: Salut,
lui disaient-ils, roi des Juifs. Ils le frappaient au visage
avec un roseau, lui crachaient à la figure ou bien s'agenouil-
laient devant lui en faisant le geste de l'adorer (Marc, *15*,
17-20; Jean, *19*, 1-3).

Lorsque les soldats furent lassés de leur jeu barbare, Pilate
fit conduire devant lui Jésus et, le présentant aux Juifs
amassés sur la place, il leur dit : « Voici que je vous le
montre afin que vous sachiez que je ne trouve contre lui
aucun grief capital. » Puis, exposant aux regards de la
foule Jésus couronné d'épines et revêtu de l'étoffe de pourpre, insigne de la royauté, il leur dit : « Voici l'homme! »
Lorsque les Grands Prêtres et les valets l'aperçurent, ils
recommencèrent à crier : « Crucifiez-le ! Crucifiez-le ! » —
« Prenez-le donc vous-mêmes, répliqua Pilate, et crucifiez-le.
Pour moi, je ne trouve pas en lui de grief capital ». — « Mais
nous, insistèrent les Juifs, nous avons une loi, et selon notre
loi, il doit mourir, parce qu'il s'est posé comme Fils de
Dieu » (Jean, *19*, 4-7). Ce sont là des raisonnements de let-
trés et de docteurs; ce fut donc eux et non plus seulement
la foule, qui, à cet instant, exigèrent la mort de Jésus.

Pilate voyait tous ses efforts se retourner contre lui. Il
savait, pour en avoir fait l'expérience, combien il était dan-

geneux de heurter les préjugés religieux des Juifs. D'un autre côté, tout ce qu'il entendait dire de cet accusé lui inspirait l'idée qu'il avait devant lui un être mystérieux en présence duquel il se sentait de plus en plus effrayé. S'il allait donc maintenant livrer à la mort le *Fils de Dieu!* Tous ces païens étaient généralement très superstitieux (Jean, *19*, 8).

Le Procurateur fit donc ramener Jésus dans le prétoire et il recommença à l'interroger : « D'où es-tu? » — Jésus ne répondit rien et se renferma dans le silence. Pilate reprit: « Tu refuses de me répondre. Ne sais-tu donc pas que j'ai le pouvoir de te crucifier ou de te remettre en liberté? » Cette fois, Jésus, avec son infinie bonté, eut pitié de la détresse morale de cet homme : « Vous n'auriez, lui dit-il, aucune puissance contre moi si cela ne vous avait pas été accordé d'en-haut. C'est pourquoi celui qui m'a livré est plus coupable que vous » (Jean, *19*, 8-11).

Le désir grandissait de plus en plus chez Pilate de sauver Jésus. Les Juifs le devinèrent, et une clameur plus violente s'éleva de nouveau sous les murs du palais. « Si vous ne le faites pas périr, criaient-ils au Procurateur, vous n'êtes pas l'ami de César. Quiconque se déclare prétendant à la royauté est, par le fait même, ennemi public de César » (*17*, 12).

Pilate dut s'avouer que c'en était fini de tous ses efforts. Il avait cette fois à choisir entre la vie de l'accusé et la sienne. Il savait le fanatisme des Juifs, leur habileté à remuer ciel et terre lorsque leurs prétentions religieuses étaient en jeu. Si grande que fût la crainte mystérieuse que lui inspirait cet homme si calme et si extraordinairement silencieux, déployant en face de la mort une grandeur morale surhumaine, qui, tout à l'heure, avait même paru le prendre en pitié, comme si les rôles avaient été renversés et que Jésus fût devenu le juge, et lui, Pilate, l'accusé, l'orgueilleux Romain conclut cependant que la vie d'un Juif, d'un pauvre

Nazaréen ne pouvait être mise en balance avec sa fortune.

Il ordonna, de reconduire Jésus hors du prétoire en présence du peuple, fit lui-même dresser son tribunal extérieurement, dans le lieu dit le Pavé, en hébreu Gabbatha. Ceci se passait au jour de la vigile préparatoire du sabbat pascal un peu avant midi. S'adressant aux Juifs : « Voici votre roi, » leur dit-il. Et les clameurs montèrent de milliers de bouches · « Enlevez-le ! Enlevez-le ! Crucifiez-le ! » — « Comment, insista encore une fois Pilate, vous voulez que je crucifie votre roi ? » — Les Grands Prêtres lui crièrent : « Nous n'avons de roi que César » (Jean, *19*, 13-15).

Ainsi, pour arracher violemment à Pilate l'exécution de Jésus les Juifs, et en tête les Grands Prêtres, proclament eux-mêmes leur irrémédiable déchéance, l'abandon des promesses et des espérances de leur race. Leur roi, ce n'est plus Jahvé des armées, ce n'est plus le Messie, fils de sa droite, c'est désormais un prince étranger, un dominateur païen, le César de Rome, Tibère.

Pilate, constatant son impuissance devant l'émeute (Matth., *27*, 24), se fit apporter un bassin avec de l'eau, se lava publiquement les mains sous les yeux de la foule, et, s'adressant aux Juifs : « Je suis innocent, leur dit-il, du sang de ce juste; vous, vous en répondez ». Et tout le peuple lui renvoya ce cri : « Son sang, qu'il soit sur nous et sur nos enfants ! » (Matth., *27*, 24-25).

Les auteurs du meurtre n'eussent été qu'imparfaitement satisfaits s'ils n'avaient pas transmis à leurs plus lointains descendants l'héritage et la solidarité de leurs haines mortelles. En conséquence, ce sang pèsera d'un poids terrible sur la tête de toutes les générations juives jusqu'à la fin des temps, jusqu'à l'heure de la conversion finale du peuple juif annoncée par Jésus-Christ lui-même. (Lemann, l'*Avenir de Jérusalem*, p. 250).

LE CALVAIRE.

Pilate livra donc Jésus aux soldats romains avec l'ordre de le conduire au lieu du supplice et de l'y crucifier (Matth., *27*, 26; Marc, *15*, 15; Luc, *23*, 25; Jean, *19*, 16).

Pendant qu'on préparait la croix pour Jésus et pour les deux voleurs qu'on imagina, par une suprême dérision, de faire périr en même temps que lui, les soldats firent très probablement de nouveau de leur prisonnier, de ce prétendu Roi et Messie, le jouet de leurs moqueries et de leurs railleries barbares.

La justice avait l'usage d'entourer d'une certaine protection les coupables traduits devant elle ou frappés par une sentence capitale. C'était une formule du droit romain que « l'accusé a droit à un religieux respect ». Mais, pour Jésus, l'innocente victime d'un complot politique et de haines fratricides, toutes les barrières protectrices sont supprimées, comme il arrive pour toutes les exécutions par voie d'émeute. On le livre à toutes les injures, à toutes les ignominies, à toutes les fureurs.

Quand les derniers préparatifs du sinistre cortège furent terminés, les soldats qui avaient enlevé à Jésus le morceau d'étoffe de pourpre, insigne de sa royauté de dérision et de moquerie, et lui avaient remis ses habits, lui placèrent la croix sur ses épaules ensanglantées et l'on se mit en marche (Matth., 31; Marc, 20; Luc, 26; Jean, 17).

Jésus, épuisé par toutes les tortures morales et physiques, qu'il avait subies, succomba de faiblesse, au sortir des portes de la ville, sous le poids du gibet. Les exécuteurs, constatant son impuissance, et craignant, s'ils usaient de violence pour le faire se relever et continuer sa marche, qu'il ne mourût, réquisitionnèrent un juif de Cyrène, qui revenait de travailler à son champ, et le contraignirent à porter la croix de Jésus. Ce juif se nommait Simon et était le père d'Alexandre et de Rufus. Cet incident amena un temps d'arrêt et donna l'occasion à la foule qui suivait Jésus de s'attrouper autour de lui. Il y avait parmi cette foule un certain nombre de femmes compatissantes qui se frappaient de coups en signe de douleur et se lamentaient sur Jésus. Celui-ci fit effort pour se retourner vers elles et leur dit : « Filles de Jérusalem, ne pleurez pas sur moi; pleurez plutôt sur vous et sur vos enfants. Car voici que vont venir les jours où l'on criera : Bienheureux les stériles, les entrailles qui n'ont pas engendré, les seins qui n'ont pas allaité. Alors on commencera de dire aux montagnes: Tombez sur nous! Aux collines : Cachez-nous. Car si l'on traite ainsi le bois vert, quel sera donc le sort du bois sec? » (Luc, *23,* 27-31).

Sous la défaillance physique, l'énergie morale de Jésus, la pleine conscience de son innocence, de ses titres imprescriptibles de Messie, Fils de Dieu, étaient demeurés intactes et entières; ses sentences prophétiques s'affirmaient aussi nettes, aussi solennelles que dans le Temple. Il était si affaibli, cependant, que si l'on veut traduire littéralement le mot dont se sert saint Marc, l'on fut obligé de le porter pour ainsi dire (φεροντι) jusqu'au lieu de l'exécution, appelé le Crâne, en hébréo-syrien, *Golgotha.* (Marc, 15, 22). Là, «on voulut lui donner à boire un vin mêlé de myrrhe, mais il refusa d'en prendre »(*ibid.*, 23). C'était, paraît-il, un mélange narcotique, destiné à engourdir, chez le patient, le sens de la douleur.

Les bourreaux clouèrent alors Jésus sur le gibet et l'élevèrent en croix (Matth., *27,* 35; Marc, *15,* 24; Luc, *23,* 33; Jean, *19,* 19). Ils firent de même aux deux voleurs qu'on lui avait associés comme compagnons de supplice (Marc, Luc, Jean, *ibid.*) et les placèrent « l'un à sa droite, l'autre à sa gauche. » Ainsi se vérifiait la prophétie d'Isaïe, rappelée par Jésus, peu auparavant : « Il a été mis au rang des scélérats » (Marc, *15,* 27-28).

Cependant Jésus, toujours constant avec lui-même, se souvenant qu'il était l'Agneau venu pour effacer les péchés du monde, priait pour ses bourreaux en ces termes : « Père, pardonnez-leur, car ils ne savent ce qu'ils font » (Luc, *23*, 34).

Sur la croix comme sur le Thabor, il demeure toujours le Fils du Père, l'éternel objet de ses complaisances. Il était environ midi lorsque Jésus fut élevé en croix. Les soldats s'assirent aux pieds de la victime et se mirent à jouer aux dés les habits dont ils l'avaient dépouillé et qui devenaient leur butin. La tunique était faite à l'aiguille toute d'une pièce, on ne pouvait en faire de part; ils la tirèrent au sort, accomplissant, ainsi que le remarque saint Jean, cette autre prophétie messianique que voici : « Ils ont partagé mes habits et tiré au sort mon vêtement » (Jean, *19*, 24).

Sur le sommet de la croix, l'on avait cloué le titre de la sentence prononcée par Pilate, formant une inscription trilingue, en hébreu, en grec et en latin, ainsi conçue : « Jésus de Nazareth, le roi des Juifs » (Matth., *27*, 37; Marc, *15*, 16; Luc, XXIII, 38; Jean, *19*, 20).

La foule qui avait suivi jusque-là s'était amassée pour voir les détails du supplice. Il se fit un défilé sous la croix. Mis en belle humeur par les atroces souffrances de la victime, les lâches et sanguinaires ennemis de Jésus venaient sous ses yeux l'insulter avec des ricanements et des haussements d'épaules, et lui criaient : « Toi, qui détruis le Temple et le rebâtis en trois jours, sauve-toi donc toi-même! Si tu es le Fils de Dieu, descends de la croix! » (Matth., 39-40; Marc, *15*, 29; Luc, *23*, 35). Ces haines sauvages avaient tellement éteint chez les Juifs le sentiment de la plus élémentaire humanité, que les princes des prêtres eux-mêmes avec des scribes et des anciens du peuple mêlèrent leurs voix à cet horrible concert d'injures et de moqueries, destiné à accroître les souffrances d'un crucifié. « Il a sauvé les autres, il ne peut se sauver lui-même! Ce Messie, ce Roi d'Israël, qu'il descende à présent de la croix, et nous croirons à lui. Il a mis son espérance en Dieu; qu'il l'arrache de là, s'il a quelque

complaisance pour lui qui a dit : Je suis le Fils de Dieu. »
(Matth., *ibid.*, 41-43 ; Marc, *15*, 29 ; Luc, *23*, 35).

Les soldats eux-mêmes, entraînés par l'exemple, se mirent de la partie et joignirent leurs moqueries à celles des
Juifs. Ils buvaient leur *posca* au pied de la croix, et, s'ap-
prochant du Crucifié, ils lui en offraient ironiquement en lui
criant : « Si tu es le Roi des Juifs, sauve-toi donc toi-même »
(Luc, *23*, 37). De la bouche des voleurs crucifiés à ses côtés,
les oreilles de Jésus durent entendre les cris de haineuses railleries ; l'un d'eux, avec la grossièreté qu'on pouvait attendre
d'un être pareil, lui jetait à la figure les plus grossiers blasphèmes : « Si tu es le Messie, eh bien, sauve-nous donc avec
toi ! » L'autre compagnon de supplice en fut à la fin indigné
et il riposta à l'insulteur : « Tu ne crains même pas Dieu, à
l'heure même où tu es livré pareillement au jugement. Nous,
c'est avec justice ; nous avons commis des méfaits dignes du
châtiment ; mais celui-ci n'a rien fait de mal ». Puis, s'adressant à Jésus : « Souvenez-vous de moi, Seigneur, quand
vous serez parvenu dans votre royaume ! » — « En vérité,
je te le dis, lui répondit Jésus, aujourd'hui même tu seras
avec moi dans le paradis » (Luc, *23*, 39-44). Sublime vengeance de l'amour inlassable de Celui qui était venu chercher
les pécheurs et qui fait triompher l'idée maîtresse de toute
sa manifestation messianique à l'instant même où la haine
de ses ennemis s'imaginait en avoir fini avec lui.

Cependant, en passant devant la croix, certains Juifs en
avaient remarqué l'inscription et avaient été choqués de
l'arrangement des mots qui la composaient. Les chefs des
prêtres osèrent même aller faire des observations à Pilate
sur ce sujet. « Il ne fallait pas écrire, lui dirent-ils, Roi des
Juifs ; mais : Celui qui s'est prétendu Roi des Juifs. » Pilate,
mécontent et impatienté, leur répliqua : « Ce que j'ai écrit
est écrit » (Jean, *19*, 21-23). Il disait vrai, Pilate, qui avait
été, sans le vouloir, l'instrument d'un irrévocable oracle ; les
titres de Jésus étaient écrits pour l'éternité dans les trois lan-

gues qui ont été et qui seront les trois langues mères de toutes les civilisations humaines. La voix de Rome, entendue de l'univers entier, proclamait que ce Crucifié était bien réellement le Messie.

Quand, lassé ou effrayé peut-être par une obscurité soudaine et mystérieuse qui venait de plonger Jérusalem dans les ténèbres, et dura de midi à trois heures, le flot des insulteurs du Messie crucifié se fut retiré, un groupe qui s'était jusqu'alors tenu en arrière, s'approcha de la croix. Il se composait d'un certain nombre de ces femmes dévouées qui avaient suivi Jésus depuis la Galilée et avaient pourvu à sa subsistance et à celle de l'école apostolique. Aux côtés de Marie, mère de Jésus, on voyait la sœur de celle-ci, Marie de Cléophas, Marie, mère de Jacques-le-Petit et de Joseph, la mère du fils de Zébédée, Salomé et Marie-Magdeleine. L'apôtre Jean, et quelques-uns des disciples et des proches de Jésus s'étaient joints à elles (Matth., *27*, 55-56; Marc, *15*, 41; Luc, *13*, 49; Jean, *19*, 25).

Jésus apercevant donc près de lui sa mère et le disciple qu'il aimait, dit à sa mère : « Femme, voici votre fils ». — Puis il dit au disciple : « Voici votre mère ». — A partir de cette heure, ce disciple reçut Marie chez lui (Jean, *19*, 26-27).

Vers trois heures, Jésus jeta un long et douloureux cri: « Mon Père! mon Père! pourquoi m'avez-vous abandonné!» Ce premier verset du psaume 22 avait été prononcé en langue aramaïque, et les premiers mots dans cette langue en sont : Eli! Eli! Quelques-uns de ceux qui étaient là et qui entendirent, n'en comprirent pas le sens : « Il appelle Elie, » dirent-ils. Cependant Jésus, parcourant d'un regard intérieur tout le livre des prophéties messianiques, vit tous les oracles accomplis, sauf un seul qui restait à remplir, et une douloureuse plainte s'exhala de ses lèvres desséchées : « J'ai soif! » (Jean, *19*, 28).

L'un des soldats, pris de pitié, trempa une éponge dans le

vin, de posca qu'ils avaient apporté pour eux, et présenta cette boisson à Jésus en lui tendant l'éponge fixée à l'extrémité d'un roseau. D'autres, implacables, voulurent l'en empêcher en lui disant : « Laissez donc. Voyons si Élie viendra le délivrer. » (Matth., 27, 48-49).

Jésus pressa ses lèvres contre l'éponge, aspira quelques gouttes du vin acide des soldats, et dit : « Tout est consommé » (Jean, 19, 30). Cependant le soleil acheva de se voiler, comme dans une éclipse totale, l'obscurité devint complète vers la neuvième heure. Jésus s'écria alors d'une voix puissante : « Père, je remets mon âme entre vos mains. » « Et aussitôt après, inclinant la tête, il expira » (Luc, 23, 46). Au même instant, le voile intérieur qui, dans la cella du Temple, cachait l'entrée du Saint des Saints où la Majesté de Dieu résidait jusqu'alors invisible à tous, se déchira par le milieu du haut en bas (Marc, 15, 38). Le centurion qui était de faction devant la croix, voyant que Jésus était mort en proférant ce cri puissant, témoin par ailleurs des prodiges étranges qui accompagnèrent son trépas, rendit gloire à Dieu et s'écria hautement : « Vraiment, cet homme était juste; vraiment, cet homme était Fils de Dieu » (Marc, 15, 39; Luc, 23, 47).

Les foules elles-mêmes qui étaient demeurées à contempler le spectacle de cette mort, sous l'impression des phénomènes étranges qui l'accompagnaient, s'en retournaient effrayées, en se frappant la poitrine.

Ainsi sur le Calvaire même, à l'heure du trépas de Jésus, se dessinait l'histoire future de l'humanité, pour toutes les générations humaines et toute la suite des âges. Les Juifs, qui ne rêvaient qu'un Messie temporel et conquérant, dont la puissance laverait tous les affronts infligés à leur race, ferait peser un joug de fer sur tous les Gentils; et spécialement sur les Romains, briserait comme des vases de terre tout ce qui aurait désormais la témérité de s'élever contre eux et de leur résister, les Juifs reniaient Jésus, parce qu'il n'avait voulu établir qu'un royaume spirituel d'âmes libérées du péché. Les Romains, au contraire, ces maîtres du monde, que représentait admirablement le personnage officiel de ce centurion, fatigués des abus de la force, lassés des attentats et des violences d'un despote impérial tel que Tibère, épris d'un ardent désir de salut et de purification pour leurs âmes comprimées et ravagées par tous les vices, proclamaient l'avènement du Messie, de ce Fils de Dieu qui mourait pieusement pour sauver le monde de ses péchés. L'acte du centurion était, dans un fait typique, la prophétie de toute l'histoire ultérieure d'événements de l'histoire. Il s'en produisait au même instant une confirmation, une sorte de contre-épreuve par cet autre fait de la déchirure du voile hiératique qui livrait désormais à tous les regards et à toutes les pieuses curiosités les mystères de la connaissance du seul vrai et unique Dieu, Père et Rémunérateur des hommes.

La solennité exceptionnelle du grand sabbat de la Pâque ne permettait pas, d'après la coutume juive, de laisser ce jour-là des cadavres exposés sur le gibet. Les Juifs s'en vinrent donc encore une fois trouver Pilate et le prièrent de faire briser les jambes des suppliciés afin de les achever, après quoi l'on pourrait faire disparaître leurs corps. Pilate envoya un peloton de soldats qui, arrivés au Calvaire et trouvant encore en vie les deux voleurs crucifiés avec Jésus, brisèrent successivement les jambes de l'un et de l'autre. mais ayant constaté que Jésus était mort, ils crurent inutile de lui rompre les membres inférieurs. L'un des soldats lui porta seulement au côté un coup de lance qui fit une plaie profonde, d'où sortit aussitôt du sang mêlé avec de l'eau, ainsi qu'en témoigne expressément l'apôtre saint Jean, sous les yeux duquel le fait se passa. Toujours attentif à constater que toutes les prophéties messianiques se sont réalisées dans la personne de Jésus, ce témoin oculaire fait la remarque que ce soldat, très inconsciemment, il est vrai, réalisait ainsi deux prédictions des Ecritures, celle-ci : « Vous ne briserez au-

cun de ses os »; et cette autre : « Ils plongeront leurs regards jusqu'aux viscères intérieures de celui qu'ils auront
tué » (Jean, *19*, 31-37).

Le soir venait, il fallait enlever les cadavres. Un notable
juif, nommé Joseph, de la ville d'Arimathie, membre du
Conseil, homme bon et juste, qui n'avait jamais consenti à
tremper dans les complots et les entreprises des Juifs, mais
qui, tout au contraire, attendait l'avènement du royaume
de Dieu, sans s'être, jusque-là, déclaré ouvertement, par peur
des Pharisiens, disciple de Jésus, venait trouver Pilate et lui
demandait qu'il lui fît remettre le corps de Jésus. Pilate, qui
avait envoyé, peu d'instant auparavant, des soldats achever les
suppliciés, fut surpris par l'imprévu de cette requête et se
demanda si Jésus était déjà vraiment mort. Il fit donc man-
der le centurion et s'enquit près de lui si le trépas de Jésus
était bien certain et déjà constaté depuis quelque temps
(Marc, *15*, 44). Convaincu par les affirmations de l'officier,
il permit à Joseph d'enlever le corps. Joseph, accompagné
de Nicodème, cet autre juif influent qui était venu consulter
Jésus, durant la nuit, sans avoir le courage, jusqu'à cette
heure, toujours par peur des Pharisiens, de se déclarer ouvertement son disciple, se rendit sur le Calvaire, et fit descendre de la croix le corps de Jésus. Ils avaient eu le soin
de se pourvoir de linceuls et d'aromates; Nicodème, à lui
seul, avait fait l'emplette d'environ cent litres d'un mélange
de myrrhe et d'aloès. Ils couvrirent le corps de Jésus d'un
linceul, l'enveloppèrent des parfums, l'entourèrent de ban-
delettes d'étoffe, lui rendirent, en un mot, tous les honneurs
funèbres usités chez les Juifs. Joseph s'était fait précisément, tout près du Calvaire, tailler dans le roc, une grotte
sépulcrale dans laquelle attendait un sarcophage tout neuf.
Comme l'heure approchait où le temps légal de la fête sabbatique allait s'ouvrir, et qu'il ne se présentait pas d'autre
solution possible, Joseph transporta le corps de Jésus dans

ce sépulcre, et, après l'y avoir déposé, il fit rouler sur l'entrée la porte de pierre qui en devait fermer l'accès.

Les femmes dévouées qui étaient restées près de Jésus sur le Calvaire, suivirent ce funèbre cortège, et remarquèrent avec soin l'emplacement du sépulcre, afin de revenir, elles aussi, y apporter, après le sabbat, de nouvelles provisions de parfums en témoignage suprême d'affectueuse fidélité. Tout était terminé; les acteurs de cette dernière cérémonie étaient repartis; seules, Marie-Magdeleine et l'autre Marie, sans doute la mère de Jacques le Mineur et de Joseph, demeuraient là assises devant le tombeau (Matth., *27, 28*).

LA RÉSURRECTION.

LA RÉVOLTE NATIONALE DES JUIFS. — SES CONSÉQUENCES.

La haine des Pharisiens veillait elle aussi toujours, attentive à achever son œuvre d'extermination. Ces rigides observateurs du sabbat, le matin même de ce grand sabbat pascal, réunirent de nouveau leur Conseil et, après s'être concertés ensemble, se transportèrent en corps près de Pilate, afin de lui présenter cette nouvelle requête : « Seigneur, nous nous souvenons que cet imposteur-là a dit de son vivant : Après trois jours, je ressuscite. Veuillez donc donner l'ordre qu'on prenne des mesures de sûreté autour du tombeau, jusqu'après ce laps de trois jours, de peur que ses disciples ne viennent de nuit enlever furtivement son corps, après quoi ils diraient au peuple : « Il est ressuscité des morts. » Cette dernière fourberie deviendrait pire que la première. — Pilate leur répondit : « Vous avez à votre service une troupe de gardes; allez, prenez telles mesures de sûreté qu'il vous conviendra ». Ils s'en allèrent aussitôt poser leurs scellés sur les portes et en confièrent la surveillance à un poste de gardiens.

Après ces précautions, ils se montrèrent enfin rassurés et se crurent débarrassés à tout jamais de ce Jésus si violemment abhorré par eux. Leur haine prévoyante l'avait enfermé, scellé dans un inviolable tombeau. Ils se congratulaient sans doute encore entre eux, avec ces sourires de politiques retors et fourbes qui, après avoir longtemps tremblé d'une peur intense, sont parvenus pourtant à exécuter leurs criminels complots, lorsque tout d'un coup, le lendemain du sabbat, de très bon matin, quelques-uns de leurs gardes reviennent à eux tout effarés. Ils leur racontent qu'un tremblement de terre s'est fait sur le terrain du sépulcre, que la porte de pierre a été arrachée et rejetée au dehors, qu'eux-mêmes ont été violemment bousculés; puis des femmes, venues pour compléter l'embaumement, ont eu des visions d'anges affirmant que Jésus était ressuscité; en tous cas, le tombeau était vide de tout corps; il n'y restait plus que les linges d'ensevelissement, pliés et disposés avec un ordre méthodique, ce qui était un argument irréfutable contre toute supposition d'enlèvement furtif et précipité.

Jésus avait dit aux Pharisiens qu'il leur donnerait comme signe définitif et péremptoire de ses titres et qualités de Messie et de Fils de Dieu sa résurrection du tombeau, au bout de trois jours; ce qu'il avait appelé à plusieurs reprises le signe de Jonas. Il leur tient parole et leur envoie pour attester sa résurrection, des témoins qu'ils ne peuvent récuser : ces mêmes hommes qu'ils ont choisis pour garder son tombeau et prévenir tout enlèvement. Ils sont, pour les Grands Prêtres et les chefs des Juifs, des témoins officiels. Tel est l'accent de sincérité de ces hommes, la concordance de leurs récits, que les Pharisiens en restent confondus. Ils ne contestent rien, n'objectent rien, ne parlent ni de poursuivre les gardiens ni de mettre en cause les disciples de Jésus. L'affaire eût été d'ailleurs dangereuse pour eux, car il eût fallu actionner, non seulement de pauvres pêcheurs galiléens, mais deux membres de leur Conseil, Joseph d'Arimathie et Nicodème, personnages influents, considérés de la majorité de leurs concitoyens à cause de leur réputation d'intégrité et de vertu. Puis à quoi bon, ils ne paraissent pas avoir douté que

Jésus ne fût vraiment ressuscité; n'avaient-ils pas le témoignage des gardes qui était péremptoire? Une nouvelle action publique n'eût eu d'autre résultat que de confirmer officiellement un fait qu'il leur impc__ait au contraire d'étouffer.

Car pour ces Pharisiens, ce miracle d'outre-tombe, pas plus que les miracles accomplis par Jésus, durant sa vie mortelle, ne put faire pénétrer le moindre rayon de lumière dans leurs cervelles obstinées. Puisqu'il plaisait à Jésus, tué par eux sur la croix, scellé par eux dans son tombeau, de revenir les troubler de nouveau, ils reprendraient la lutte contre lui, avec l'aveugle obstination juive.

Leur plan fut bientôt trouvé. Au lieu d'inquiéter les gardes pour défaut de surveillance, ils préférèrent corrompre ces témoins gênants. N'avaient-ils pas à leur disposition les trésors du Temple? Après s'être concertés, ils firent donc venir les gardes et leur promirent de fortes sommes d'argent s'ils voulaient se taire sur les événements dont ils leur avaient rendu compte et répandre dans le peuple la fable suivante, dont on leur rédigea la formule: « Vous direz que ses disciples sont venus, de nuit, ravir son corps, pendant que vous dormiez. Si ce bruit arrive aux oreilles du Procurateur, nous lui ferons entendre raison, et nous vous mettrons à l'abri de toute poursuite » (Matth., *28*, 11-15). Les gardes acceptèrent le marché, prirent l'argent et colportèrent à travers le peuple l'explication des Pharisiens. On sait avec quelle puissante ironie saint Augustin a pulvérisé la calomnie juive. « Vous faites dire aux gardes que durant qu'ils dormaient, les disciples sont venus et l'ont enlevé! Vous nous produisez des témoins endormis, c'est-à-dire dans un état où ils n'ont, d'après leur aveu, rien pu voir ni entendre! C'est le fait d'hommes en proie eux aussi aux rêves les plus désordonnés que d'apporter de pareils arguments » (S. Aug., in Ps. LXIII).

Le crédit des Pharisiens sur l'opinion juive réussit pourtant à accréditer ce racontar qui se détruisait de lui-même. A l'époque où saint Matthieu publiait son évangile, il nous cer-

tifie que la formule des gardes était la réponse courante que
l'on opposait à la prédication de la résurrection de Jésus.
Cent ans plus tard, vers l'an 150, Justin témoigne à plusieurs
reprises que les Juifs ne cessaient, au moyen de leurs émissaires, de propager la même formule dans le monde entier,
afin de s'opposer aux progrès de la prédication chrétienne (Justin).

Jésus, après avoir donné aux Princes des prêtres, aux
docteurs, aux chefs de la nation juive ce témoignage de la
résurrection, se retira définitivement de ce peuple et de
cette race; il ne se manifestera plus à eux. Toutes les
apparitions de sa vie d'outre-tombe seront réservées à ses
apôtres, à ses disciples, à ceux qui ont cru en lui et qui
sont déjà entrés par la foi dans ce nouveau royaume qu'il est
venu fonder. Rebelles à leur Messie, obstinément révoltés
contre lui, les Juifs sont désormais rejetés, selon la terrible
sentence du prophète Daniel : « Le Messie sera mis à mort,
et le peuple qui doit le renier ne sera plus à lui. Un peuple
avec un chef qui doit venir détruira la ville et le sanctuaire; et sa fin sera la ruine, et, après la fin de la guerre
viendra la désolation décrétée... Et la désolation durera jusqu'à la consommation et jusqu'à la fin ». (Daniel, IX, 26-27).
(Lemann, l'*Avenir de Jérusalem*, p. 330).

Un écrivain français, Renan, si favorable aux Juifs, que
des docteurs actuels de cette race ont cru devoir l'honorer du
titre de *prosélyte*, a pourtant été contraint, par l'évidence,
d'avouer cette révolte nationale des Juifs contre le Messie
et d'en déduire les conséquences.

« Le moment était venu où la pensée large et la pensée
étroite allaient se livrer un dernier combat, et où les deux ten-
dances contraires qui s'agitaient en Israël étaient près d'a-
boutir à un déchirement. D'une part, en effet, le peuple
juif avait une mission essentiellement conservatrice, de l'autre, il s'adjugeait hardiment l'avenir. Le jour où cet avenir
s'ouvrit, il était facile de prévoir que la synagogue obéirait à

son éternelle maxime : espérer toujours et toujours résister.
De là la fausse position d'Israël en présence du christianisme,
et l'origine de cette haine irréconciliable que dix-huit siècles
ont à peine assouvie. Le Christ était sorti de son sein, et,
pour rester fidèle à son principe, Israël devait le crucifier. Le
christianisme était son épanouissement naturel, et il devait
le repousser » (Renan, *Etudes d'hist. relig.*, p. 130). Quelques lignes plus loin, il ajoute : « Le judaïsme, après avoir
produit son fruit, devait continuer à travers les siècles sa
longue et tenace existence. Seulement, l'esprit de vie est
désormais sorti de lui : son histoire est belle et curieuse
encore; mais c'est l'histoire d'une secte, ce n'est plus par
excellence l'histoire de la religion » (*Ibid.*, p. 131).

Je terminerai cette démonstration de la révolte nationale
des Juifs contre le Messie et de ses conséquences pour le peuple qui l'a renié, par les témoignages péremptoires d'un juif
converti et devenu membre du sacerdoce catholique, mais
qui n'a pas moins conservé, avec une connaissance appro-
fondie de l'histoire et des traditions de sa race, une inalté-
rable affection pour ses compatriotes et le culte de leurs
espérances finales.

Après avoir énoncé que dans le grand drame de la Passion,
les Juifs firent paraître contre Jésus un triple mépris qui dure
toujours : *le mépris de sa royauté, le mépris de son sacrifice,
le mépris de sa résurrection,* il conclut ainsi :

« La tige de Jessé a disparu de Jérusalem. Les livres
généalogiques d'Israël ont été brûlés, impossible de décou-
vrir où coule aujourd'hui le sang royal de David. Mais même
il est épuisé. Sur le berceau du dernier des David, à Bethléem, une étoile brilla. Au jour des Rameaux, le peuple une
dernière fois, fit entendre son joyeux *hosanna* au Fils de
David ; et, quelques heures après, le registre impérial, qui
portait ces mots datés de Bethléem : « Jésus, de la famille
de David », s'enrichit sur le Golgotha de ces mots nouveaux :

« Roi des Juifs ». Et lui expira en disant : « *Consummatum est* ».

» Tout était consommé, en effet, pour la famille royale; elle était finie, à jamais finie.

» Tout fut consommé également pour la ville royale. Jérusalem n'est plus ici-bas, elle est en haut! Sur les ruines qui ont subsisté de la cité déicide, il y a la stérilité des pleurs que nous, Juifs, nous versons depuis dix-neuf siècles; il y a la stérilité de la nature qui s'est troublée à trois heures, le Vendredi Saint; il y a par-dessus tout l'impuissance et la stérilité de tous les gouvernements de la terre. Chose étonnante! Jamais on n'a pu réussir à pousser cette ville dans le courant des peuples et de la civilisation. On dirait une borne sur laquelle on lit ces mots : Ici l'homme ne peut plus mettre la vie, depuis qu'on a cloué la Vie hors des murs.

» Les Romains y ont passé avec le paganisme; elle n'a rien gardé des Romains. Les Kalifes y ont passé avec l'islamisme; elle n'a rien gardé des Kalifes. Les Français y ont passé avec le christianisme, elle n'a rien gardé des Français. Ses rues, comme son histoire, sont mélancoliques, étroites, vite parcourues. Nul commerce, nul bruit dans la cité déicide. L'imagination ne croit entendre que le bruit monotone des gouttes de sang : « Que son sang retombe sur nous et sur nos enfants » (Matth., XXVII, 25) (Lemann, *La nation* p. 181-182).

» Sur les sommets du Golgotha,... les Juifs passèrent en branlant la tête et avec ce sarcasme : *Descendat nunc,* descends maintenant! »

» O Israélites, le Crucifié dont vous n'avez pas compris la faiblesse toute-puissante, le Crucifié ne descend pas; mais c'est vous qui allez descendre. *Deficiet hostia;* c'est fini, c'est fini, vos sacrifices sont terminés; descendez de l'autel. Ah! lorsque le Christ eut expiré, des tombeaux s'ouvrirent et des ombres apparurent. L'Evangile ne dit pas quelles furent ces ombres, mais j'aime à croire qu'il y eut l'ombre de Daniel. Il

s'arrêta devant le Calvaire; il compta soixante-dix semaines.—
« Soixante-dix semaines, dit-il, c'est lui! » — Et se pros-
ternant dans la poussière, il adora. *Deficiet hostia et sacrifi-
cium* : les sacrifices sont terminés.

Descends donc de l'autel, ô judaïsme! Et toi, paganisme,
descends aussi. Que les feux des sacrifices s'éteignent pour
tout l'univers! Et pour que le monde sache bien que désormais, à côté de la Croix, aucun sang étranger ne se doit plus
répandre, Dieu permit qu'à la même heure, un double incendie
vînt éclairer les rivages de l'Europe et ceux de l'Asie. C'était
le Temple de Jérusalem, centre des sacrifices mosaïques, qui
brûlait presque en même temps que le Capitole, centre des
sacrifices païens. Le *Capitole* s'écroula le 19 décembre de
l'an 69; et le Temple, le 10 août de l'an 70 » (*Ibid.*, p.
185-186).

Puis voici ce que devint ce peuple qui avait scellé Jésus
dans son tombeau : « Prenant la lettre morte, la lettre solitaire, les feuillets jaunis, le pauvre Juif colla la Bible contre
son âme; puis entassant sur sa tête et sur la tête de ses enfants, entassant à gauche, entassant à droite les rêveries de
ses rabbins et les commentaires de ses Talmuds, il s'y en-
ferma comme dans une prison, comme dans un tombeau,
d'où un jour s'est échappé ce cri de désespoir : « Maudit soit
parmi nous celui qui cherchera à calculer le temps de la
venue du Messie ». (Talmud de Babylone, Gemar. Tr. Sauls,
cap. XI). Enveloppé dans cet état, il y est encore; rien n'a
pu l'en tirer; les coups qui l'ont frappé n'ont fait que l'y en-
foncer davantage. Naguère, une bouche célèbre disait de ce
peuple : C'est le *garde-sceaux* du christianisme. C'est vrai.
Comme un gardien austère, il veille sur la Bible qui est le plan
détaillé du christianisme, il y tient les sceaux, on n'y touche
pas. Et lui-même, empreint de ces sceaux formidables, n'est
pas touché: les siècles ne le touchent pas, la mort ne le touche
pas, le temps est comme fini pour lui; on dirait que ce peu-

ple a devancé le reste du genre humain et qu'il l'attend pour entrer dans l'éternité. »

« Lorsque les Juifs eurent tué Jésus et que la Providence courroucée les eut poussés partout devant sa face, comme ils erraient au milieu de nations jeunes, ardentes, en travail de formation, et qui rejetaient violemment de leur sein tout élément hétérogène, afin qu'aucune n'exterminât les déicides, Dieu non seulement stigmatisa leur tête (comme autrefois celle de Caïn), il la couvrit encore d'un mur de pierre, déshonorant mais protecteur, le *Ghetto*. C'est là, dans ces recoins de rues, que durant dix-huit siècles, notre malheureuse nation a été parquée à l'écart et scellée. C'est là, selon la parole du prophète, qu'au moindre bruit, *nous tremblions comme des feuilles*, toujours le bâton des voyageurs à la main, et toujours debout comme au temps de la Pâque. C'est là que nous avons été écrasés sous l'opprobre et que notre tête appesantie, s'est inclinée; ah! parce que nous avions fait s'incliner la tête de Jésus sur la Croix! C'est là enfin que nos enfants naissaient au monde. Nous pouvions, sur les portes du *Ghetto*, leur faire lire ces terribles paroles : « Vous qui êtes ici, abandonnez l'espérance ». O peuple juif, pardonne ce que je vais te dire; mais c'est toi qui m'as fait comprendre l'enfer! Toujours, toujours souffrir et ne jamais mourir; traîner partout une course vagabonde et ne jamais se reposer; porter dans ses membres un sel vengeur, mais conservateur : ce fut ton existence. Mais, n'est-ce point là aussi l'image de l'enfer ou du *Ghetto* éternel?

» Et voilà!... Après cinquante siècles d'existence, dont dixhuit siècles de malheur, nous sommes encore là, debout, avec notre vie tout à fait prodigieuse et banale, avec notre tête dure et notre âme de granit. On a dit des nationalités que souvent *elles sont broyées pour être mêlées*. Nous, nous avons été broyés; mais mêlés, jamais!

» Pourquoi cela, grand Dieu, pourquoi ce peuple n'est-il pas mort? Témoins au Sinaï, témoins au Calvaire, témoins au

Vatican, nous traversons le genre humain, d'un bout des siècles à l'autre, pour être témoins au dernier soir du monde. Nous ne pouvons pas mourir, parce que Jésus-Christ fut de notre chair et de notre sang; et qu'après avoir expié sa douloureuse Passion par nos souffrances, nous devons avoir, comme lui, notre résurrection » (*Ibid.*, p. 187-190).

Pour que le tableau fût complet, il eût fallu ajouter un trait devant lequel la main de notre auteur d'origine juive s'est arrêtée. C'est que, se transmettant de génération en génération la haine héréditaire de Jésus, le peuple juif a fait de cette haine, par atavisme et par éducation, un état psychologique arrêté et définitivement formé, une caractéristique de la race qui contribue plus que le sang même à établir le lien social. Poussée, entraînée par cette force intérieure, la race juive n'a jamais cessé, elle ne cessera pas jusqu'à la fin des temps, du moins jusqu'aux jours de sa conversion finale, de poursuivre, avec l'obstination aveugle, l'entêtement féroce qui lui sont propres, le complot de Jérusalem. Partout et toujours elle continuera ce duel inapaisable contre Jésus, ses apôtres, ses ministres, ses disciples, son Eglise, s'efforçant, par tous les moyens en son pouvoir, d'en procurer la totale destruction.

Vendredi Saint, 1er avril 1904.

IMP. DESCLÉE, DE BROUWER ET Cie, LILLE. — 3849.

?
?
Absence de pagination
ou de foliotation

Nous avons entrepris, sous le titre : Politique, Littérature, Théologie, Philosophie, Arts, Sciences et Religion, la publication de plusieurs séries d'ouvrages d'actualité, dus à des écrivains de grand mérite et du meilleur renom. Nous recommandons donc instamment ces œuvres faites pour dissiper les doutes et les erreurs dont souffre actuellement l'opinion publique ou pour donner, à ceux qui les recherchent, des distractions littéraires, instructives et honnêtes. Ces séries iront chaque jour se complétant. Ces ouvrages sont en grande majorité du format in-8° carré ou raisin.

Collection Arthur Savaète à 0 fr. 25

La Nécessité du parti catholique, par l'abbé Vial.

Les Abeilles, parallèle entre les abeilles et les religieuses dans leur couvent par le P. Hilaire.

L'union nécessaire (Conférence), par le P. Léon.

Pour nos anciens élèves (Conférence), par le P. Léon.

Politique et le Clergé (La) (Conférence), par le P. Léon.

Devoir des femmes chrétiennes (Le) (Conférence), par le P. Léon.

Notre faiblesse (Conférence), par le P. Léon.

Pour la Jeunesse de nos Ecoles (Conférence), par le P. Léon.

Politique et Patriotisme : Lettre à M. Lemire, député d'Hazebrouck, par Mgr J. Fèvre. (2° *Lettre au même*, voir collection à 0 fr. 40 ci-après).

Collection Arthur Savaète à 0 fr. 40

Louis Pasteur, le savant et le chrétien, par l'abbé Flahaut.

La seconde aux Corinthiens, lettre à l'abbé Lemire, par Mgr Justin Fèvre.

Les Apologistes français au XIX° siècle : Amédée de Margerie, par le R. P. At.

Lettre ouverte à M. Massé, député, sur la liberté de l'enseignement privé, suivie du projet de loi relatif à cet enseignement, par X.

Collection Arthur Savaète à 0 fr. 50

Le Concile national, par Mgr Justin Fèvre. In-8° br.

Les Catholiques et les élections, par Mgr Delamaire, archevêque de Cambrai. In-8° br.

Les Jaunes, leur origine et leur avenir, par Ferdinand Cochet, O. P. M.

La trahison du Grand Rabbin de France : révélations accablantes, par l'abbé Vial.

Pourquoi faut-il être antisémite, *du même* (0 fr. 50 franco).

Passion et Passion, la Passion du Sauveur et des religieux en France, par Jean Lefaure.

La vénérable Jeanne d'Arc : petite vie abrégée, en vers, par l'abbé Malassagne.

Collection Arthur Savaète à 0 fr. 75

Un poète abbé (Delille), par Louis Audiat.

Proscription des Religieuses enseignantes, par Mgr Justin Fèvre.

Proscription des Ordres religieux (La). Protestation d'un croyant, par Mgr Justin Fèvre.

La crise maçonnique en France, par François Veuillot.

La situation religieuse aux Etats-Unis : Réalités et illusions, par le R. P. At.

Taine, esthète, philosophe et historien, par le P. At. In-8 carré.

Caro, philosophe, par le P. At. In-8 carré.

Pie X, *Pontife et Souverain, avec portrait*, par Mgr Justin Fèvre.

La Puissance divine du sacerdoce catholique, par Mgr Justin Fèvre.

Lettres de Y. à Z. (1re série), Dupanloup et son historien, par Y., docteur en théologie et droit canonique.

Lettres de Y. à Z. (2e série), la Justice de l'Histoire. Grégoire VII et Bossuet, *du même.*

Lettres de Y. à Z. (3e série), réponse à M. Ingolt, Bossuet et le Jansénisme, *du même.*

Lettres de Y. à Z. : L'affadissement du sel. Catholicisme et libéralisme, 4e série.

Les Espagnols d'autrefois, par dom Rabory.

Parmi les nôtres, roman, par Dange. In-8° br.

Lamennais et Victor Hugo, In 8°, par Christian Maréchal.

La Fille du Sonneur, par Eliane de Kernac.

Un Complot libéral contre la Sainte Eglise. Réponse à la supplique des vingt-quatre cardinaux laïques à l'épiscopat français, par Mgr Justin Fèvre. In-8° carré.

Etudes sur la Révocation de l'Edit de Nantes : Poètes Cévenols, par l'abbé Rouquette. (Voir le complément dans les coll. à 3 fr. 5c et 7 fr. 50).

Histoire de Monseigneur Parisis, évêque de Langres, par Mgr Justin Fèvre.

Etude sur Joseph de Maistre, par E. F. et Arthur Savaète.

Le Sens littéral du texte biblique et les Sciences profanes : Pluralité des Mondes ; les Six jours de la Création ; Job et son livre, in-8 carré, par l'abbé Chauvel.

Voix Canadiennes : Vers l'Abîme, documents inédits de Mgr Bourget, Mgr Laflèche, etc., par Arthur Savaète. In-8°.

Le Moine Bénédictin, par Dom Besse.

Napoléon 1er à l'Ecole royale de Brienne, avec 2 gravures. In-18 broché, par M. A. Assier.

Liber Psalmorum hebraicæ veritati restitutus, par le P. François de Bénéjac.

L'Emile Zola « de Paris », par Merlier.

Colonel comte de Villebois-Mareuil, l'héroïsme français au Transvaal, par Simon, marquis de Beau-Carré.

Le Trio, juifs protestants et francs-maçons, par Jules Aper.

Catalogues épiscopaux, réponse à l'abbé Duchesne, sur l'origine des diocèses dans les Gaules, par l'abbé Trouet.

Actes de Saint-Denis de Paris, par le chanoine Davin.

Anne d'Orléans, première reine de Sardaigne, par la comtesse de Faverges.

La Lumière ; *Conférences* sur l'Église prêchées à Saint-Eustache de Paris, par le R. P. Constant des Frères Prêcheurs.

Au pays de Sainte Germaine, étude d'hagiographie et d'art, par Henri Lambercy.

Les idées d'un vieux Goupillon, ou le pourquoi de la guerre atroce que la Toge et le Bistouri font au Sabre ou au Goupillon, essai politique. In-8° br.

Les Etapes d'un poète (poésies), par M. Gérard de Lacmer. In-12 br.

Le médecin et les médicaments chez soi, par le Dr Trosseille, in-12 (recom-
La femme et la mère, *du même* (recommandé).   [mandé)

Collection Arthur Savaète à 2 fr. 50

Les Liens intimes entre le Paradis Terrestre et le Calvaire : Fruit défendu et l'arbre de vie, par l'abbé Chauvel.

Grande Escroquerie (la), vol légal des Congrégations, par Jos. Lamarque.

Le Concile du Vatican, par Mgr Guérin.
Le Salut National, par Henri Marchand.
Jérusalem, cinq ans après, une fuite en Egypte, par Mme Bazélaire.
Faut-il fermer Lourdes, au nom de l'Hygiène, réponse de 4.500 médecins :
Non, par le D' Vincent.

Collection Arthur Savaète à 3 francs

Nazareth ou les *Lois chrétiennes de la Famille.* Conférences prêchées par le R. P. Constant, des Frères Prêcheurs.

Le Père Aubry et la réforme des Etudes ecclésiastiques, par Mgr Justin Fèvre.

Sainte Marie-Madeleine, d'après les Ecritures et la tradition, tome I, par M. l'abbé M. Sicard. (Tome II, voir collection à 5 francs).

Les Leçons de l'Histoire contemporaine, par Arthur Savaète, in-8°.

Le Socialisme, ce qu'il est, par l'abbé Patoux. In-8° carré.

L'abbé du Chayla ou le Clergé des Cévennes (1700 à 1702). La vérité sur la guerre des Camisards, origine, faits et conséquences, documents inédits, par l'abbé Rouquette. In-8 carré. (Voir complément coll. à 2 fr. et 7 fr. 50).

Le vrai Féminisme, le vrai rôle de la Femme dans la Société, par l'abbé Rouquette, in-8°.

Études de l'Histoire juive, avant Jésus-Christ, par l'abbé Barret, in-8°.

Études de l'Histoire juive : le Messie, *du même.*

Études de l'Histoire juive, après Jésus-Christ, par le R. P. Dom Bernard.

Conférences religieuses, par le R. P. Constant, tome III. (Voir tomes I, II, IV dans les collections à 5 fr. et 3 fr. 50).

Le Mariage de Paul Larivière, par Contran de Mérigny, in-8 carré.

Notre-Dame de Chartres, histoire et description de la cathédrale, par Alexandre Assier.

Historiettes et petits Riens, par l'abbé Baulez.

Le Roman de l'Espagne héroïque, par Gaston Routier.

Désolation dans le Sanctuaire (La), par Mgr Justin Fèvre.

Abomination dans le Saint Lieu (L') par Mgr Justin Fèvre.

Carnet d'un officier, Œuvre posthume, considérations philosophiques du commandant Léon Guez, chef d'état-major, par dom Rabory.

Zuléma, roman héroïque, par Arthur Savaète.

Légendes Hagiographiques (les), par le P. Delehaye, bollandiste. 2° édit.

Le Bossuet de la prédication contemporaine, par l'abbé Regourd. In-8° br.

Les Pensées de l'éternelle Vie, par Mme Nottat.

Collection Arthur Savaète à 3 fr. 50

Charles Périn, le créateur de l'économie politique chrétienne, par Mgr Fèvre.

L'Histoire du droit canon gallican : 1° L'Organisation nationale du clergé de France ; 2° les remontrances du clergé de France ; 3° curiosités liturgiques ; par le R. P. At.

M. Emile Ollivier, sa vie, ses œuvres, son action politique, par Mgr J. Fèvre.

Jésus-Christ, prototype de l'humanité. In-8° broché, par Mgr Fèvre.

La Chine supérieure à la France, par Tong Ouên Hién, mandarin chinois.

Conférences religieuses, par le R. P. Constant, tome II. (Voir tomes I, III et IV dans les collections à 5 et 3 francs).

Rome au XX° siècle, par M. Denis Guibert, Vol. in-12.

Le cœur de Gambetta, par Francis Laur, documents inédits. In-12 carré.

Les Églises orientales, par Mgr Tilloy.

Le Juif sectaire, par l'abbé Vial.

La Question macédonienne, par Gaston Routier, in-12.

La Macédoine et les Puissances, *du même*

Dix-huit années de Scolasticat et de Régence, en diverses maisons de la Cⁱⁿ de Jésus, par Jules Romette.

Légendes de Mort et d'Amour, par Gaston Routier, in-12.

L'art d'être heureux, par Victor Vidal.

Origines de Notre-Dame de Lourdes (Les), par l'abbé Paulin Moniquet.

Roman d'un Jésuite (le), par Beugny d'Haguerue.

La Dame Blanche du Val d'Halid, par Arthur Savaète.

La Main noire, suite du précédent, par Arthur Savaète.

Styles et Caractères, par G. Legrand.

Grandeur et décadence des Français, par Gaston Routier.

Au jour le jour, nouvelles, par Fritz Masoin.

Le Mont Saint-Michel, « au Péril de la Mer », illustré, par E. Goethals.

Les Miracles historiques du Saint Sacrement, par le P. Eugène Couët.

Notre-Dame de Lourdes, par H. Lasserre.

Bernadette, par H. Lasserre.

Les Épisodes miraculeux de Notre-Dame de Lourdes, par H. Lasserre.

Collection Arthur Savaète à 4 francs

La Botanique médicale, au Presbytère et dans la Famille. Plantes hygiéniques et leur emploi dans toutes les maladies, par un curé de campagne In-8° carré.

Quarante-cinq assemblées de la Sorbonne pour la censure du primat, et des prélats de Hongrie, qui ont condamné la Déclaration du clergé de France en 1682, par le chanoine Davin.

Grippart, histoire d'un bien de moine ; nombreuses illustrations, par le R. P. Charles Clair, de la Société de Jésus.

Un parfait catholique, Jean-Marie d'Estrade, bienfaiteur de Bagnères-de-Bigorre, par l'abbé Paulin Moniquet (franco 4 fr. 50).

Signes de la fin d'un Monde (les), avec suppⁱ, 3ᵉ édit., par Jean-du-Valder.

La Liberté de conscience en face des erreurs modernes, par l'abbé A. Patoux-Gros vol. in-8° br.

L'éternelle Question, par Mme Nottat.

Collection Arthur Savaète à 5 francs

Etude critique sur Bossuet, par le chanoine Davin.

Conférences religieuses : Péchés de la langue ; Merveilles de la foi des saints ; l'Incarnation et divers sujets, par le P. Constant, des Pères Prêcheurs.

Les Juifs devant l'Eglise et l'Histoire, par le R. P. Constant.

Vie nouvelle du saint curé d'Ars, par Jean d'Arche.

Soirées Franco-Russes, 4ᵉ Soirée, Choses d'Orient, questions arménienne grecque, macédonienne, par Arthur Savaète.

La Vénérable Jeanne d'Arc. In-8° broché, par l'abbé Malassagne.

Sainte Marie-Madeleine. son histoire et son culte, par l'abbé Sicard, tome II. in-8° (Voir tome I à la collection à 3 francs).

Vie de la Bienheureuse Mère Julie Billiart (3ᵉ édition), par le P. Ch Clair, revue et augmentée par le P. E. Griselle, S. J. In-8.

Voyage d'un Allemand en France en 1874, par H. Hansjacob, traduit de l'allemand par M. Virot. Fort in-8°.

Études sur la Révocation de l'Edit de Nantes en Languedoc: *Les Fugitifs*, in-8, par l'abbé Rouquette. (Voir *1re Partie* : Abbé Du Chayla, dans collection à 3 fr. ; et les Poètes Cévenols, *2e Partie*, dans collection à 2 fr.).

Joseph Reinach historien, révision de l'histoire de l'affaire Dreyfus, par Dutrait-Crozon, préface par Charles Maurras.

Chinois et Chinoiseries, illustré, par Pol Korigan.

L'Art de faire un homme (éducation rationnelle et moderne), par l'abbé Macquillon.

Rivales amies (les), roman, par Arthur Savaète.

Voyage chez les Anciens, ou l'économie rurale dans l'antiquité, par le chanoine Beaurredon.

Rôle de la Papauté dans la Société (le), par le chanoine Fournier.

En Tyrol, Histoire et Légende (poésies) illustré, par le R. P. Ch. Clair S.-J.

Collection Arthur Savaète à 6 francs

L'Allemagne, tome 1er. les Germains et le Catholicisme, par Mgr Justin Fèvre.

L'Allemagne, tome II. Le Protestantisme et l'Empire, *du même.*

Le Pontificat de Léon XIII, tomes 43e, 44e de l'Histoire universelle de l'Église de l'abbé Darras, *continuée* par Mgr Justin Fèvre. 2 forts volumes, 12 francs. (Nous fournissons tous autres volumes du grand Darras au prix de 6 francs.

Darras, le *tome V* et dernier du petit Darras, par Mgr Justin Fèvre. In-8º. 6 fr.

Estelle, poème en vers français et en vers provençaux en regard, par T. Houchart.

Le divin Voyageur, magn. illustrations.

Le Pape et la Liberté, par le P. Constant.

Notice et Souvenirs de Famille par la Comtesse de Rœderer.

Les Folies du Temps en matière de religion, par Poujoulat.

Le cardinal Gousset, sa vie, ses œuvres, son influence, par M. le chanoine Gousset, in-8º avec portrait.

Collection Arthur Savaète à 7 fr. 50

Études sur la Révocation de l'Édit de Nantes en Languedoc, tome III. Les Fugitifs, leurs biens ; listes détaillées et complètes de tous les émigrés, par l'abbé Rouquette. (Voir tomes I et II dans collections à 2 fr. et 3 fr.)

Fleur merveilleuse de Woxindon (La), par le P. Spillmann, traduit de l'allemand.

L'Exégèse Traditionnelle et l'Exégèse Critique, par l'abbé Dessailly,

Origine et Progrès de l'Education en Amérique, par Charles Barneaud.

Alphonse XIII, roi d'Espagne, illustré, par Gaston Routier.

La Servante de Dieu : *Louise-Edmée Ancelot.* Veuve de Me Lachaud, avocat à Paris, par l'abbé Paulin Moniquet.

Collection Arthur Savaète à 8 francs

Les Représentants du Peuple en mission près les armées 1793-1797. D'après le dépôt de la Guerre, les séances de la Convention, les archives nationales, par Bonnal de Ganges, conservateur des archives au dépôt de la Guerre, 4 volumes :

Tome I. — Le conseil exécutif et les représentants . . . . . , . . , . . 8 fr.

Tome II. — Les partis et les représentants aux armées. . . . . 8 fr.

Tome III. — Les volontaires et les représentants aux frontières. . . . 8 fr.

Tome IV. — Les représentants et l'œuvre des armées . . . . 8 fr.

Soirées Franco-Russes : 1ʳᵉ Soirée : Mort de Louis II de Bavière ; 2ᵉ Soirée : Mort de Rodolphe ; 3ᵉ Soirée : Boërs et Afrikanders ; les 3 soirées réunies en un seul vol. avec portrait de l'auteur, par Arthur Savaète. (Chaque soirée se vend séparément : la 1ʳᵉ, 2 fr. ; la 2ᵉ, 3 fr. 50 ; la 3ᵉ, 3 fr. 50 ; la 4ᵉ, Choses d'Orient, 5 francs.)

Passion méditée au pied du St-Sacrement (La), en 3 volumes, par le P. Jos. Chauvin.

Origines et Responsabilités de l'insurrection vendéenne, par Dom Chamard.

Les Anges et les temps présents, par l'abbé Grand Clément. In-8.

Collection Arthur Savaète à 10 fr.

Histoire de l'Abbaye Royale et de l'ordre des chanoines réguliers de Saint-Victor de Paris, de l'origine à 1500, tome I, par Fourier Bonnard.
La même, de 1500 à 1792, par le même, tome II, (ouvrage couronné par l'Académie).

Mgr d'Hulst (recueil de souvenirs), avec un portrait, couverture parchemin.

Bibliotheca hagiographica græca des Bollandistes, 1 vol. 10 fr., relié 13 fr.

Memento. — Nos grandes Publications

Acta Sanctorum des Bollandistes, 66 vol. in-folio, 3660 fr. broché, net. 2400 fr.
Le même, relié demi-chagrin 4150 francs, net 2800 fr.
Le même, relié pleine toile 4000 fr., net 2600 fr.

Acta Sanctorum à la portée de tous : Nous fournissons toute Vie de Saint en feuilles détachées de la grande collection des Bollandistes, à raison de 5 *francs* la feuille in folio de 8 pages sur deux colonnes.

Acta Sanctorum derniers volumes parus : le *Propylœum ad Acta Sanctorum novembris*, in-folio *60 francs* ; le tome II de Novembre (pars prior), fort in-folio *75 francs* ; le tome VI d'octobre (réédition Savaète), *75 francs*.

Auctaria ad Acta Sanctorum Octobris, fascicule de 250 pages, manquant à la plupart des collections : *25 francs*.

Acta Sanctorum des bollandistes, pour paraître en 1908 et 1909, 1° *le tome II de novembre* (pars posterior), 75 francs ; et 2° *le tome III de novembre*, 75 francs. (Souscrire dès ce jour).

Acta Sanctorum : Suppléments aux bollandistes, par l'abbé Narbey, tome I, petit in-folio *60 francs*. ; tome II, les 24 premières livraisons parues *40 fr.*

Gallia Christiana, 12 vol. in-folio, 900 fr., net . . . . 180 fr.
Histoire littéraire de la France, 17 vol. in-4°, 350 fr., net. . . . 100 fr.
Dictionnaire des Dictionnaires, par Mgr P. Guérin, 6 vol. in-4°, 180 fr. net 45 fr. Le même, relié 210 fr.. e. . . . . 75 fr.
Analecta Bollandiana des Pères Bollandistes, 25 vol. à 15 fr. le volume ; les 25 volumes. . . . . 375 fr.
Compendiosa Sancti Thomæ Aquinatis Summa, par M. l'abbé Maurel, approuvé par S. Em. le card. Bourret. Cet ouvrage réduit en traités avec leurs divisions et subdivisions, avec l'indication des questions de la *Somme* correspondantes, 5 vol. in-12 . . . . 18 fr.
Traité théorique et pratique du Droit canonique (en français) à l'usage du Clergé et des Séminaires, par Mgr Anselme Tilloy.
1. Partie du maître. 2 forts volumes in-8 . . . . 15 fr.
2. Partie de l'élève. 2 forts volumes in-12 . . . . 10 fr.
Monumenta Ecclesiæ Liturgica, par les RR. PP. Bénédictins. Le tome I, *Relliquiæ* liturgicæ *Vetustissimæ*. Sectio prima. 1 fort vol. gr. in-4°. CCXVI — 276-204. Prix . . . . 75 fr.
Le tome V. *Liturgica mozarabica vetus. Liber Ordinum*, in-4°, 60 fr. ; rel.

65 fr. Cette collection se composera d'environ 15 tomes qui formeront chacun un tout complet.

S. Bonaventuræ *opera omnia*, par l'abbé Peltier, 15 vol. in-4°, br. . . 400 fr.

Joannis Duns Scoti *opera omnia*. 26 vol. in-4°, br. . . . . . 800 fr.

S. Thomæ Aquinatis *opera omnia*. 34 vol. in-4°, br. . . . . . 450 fr.

Divi Thomæ Aquinatis Catena murea, 3 vol. 16 fr. ; en gros caract., rel. 24 fr.

Saint Augustin (œuvres complètes), traduction bénédictine, par Mgr Perrone. etc., avec texte latin, 34 vol. . . . . 350 fr.

Saint Jean Chrysostome (œuvres complètes) traduction française de l'abbé Bareille, avec texte grec. 21 vol. in-4°, br. . . . . 420 fr.

— Texte français seul, 21 vol. in-8. . . . . 126 fr.

Saint Jérôme (œuvres complètes) traduit par l'abbé Bareille et Mgr Perrone. 18 vol. in-4°, br . . . . 216 fr.

Summa Summæ S. Thomæ, par Billuart, etc. 6 vol. in-12, br. . . . 26 fr.

Saint Thomas d'Aquin, commentaires des épîtres de saint Paul, traduit par l'abbé Bralé. 6 vol. in-8. . . . . 45 fr.

Saint Thomas d'Aquin, Somme théologique, trad. en français et annotée, par Lachat. 16 vol. in-8 . . . . 128 fr.

Saint Thomas d'Aquin, Opuscules théologiques et philosophiques, traduit par Bandel, etc. 7 vol. in-8, broché . . . . 42 fr.

Clypeus theologiæ thomisticæ autore Joanne Batista Gonel. 6 v. in-4°, br. 120 fr.

Dogmata theologica Dionysii Petavii, S. J, 8 vol. in-4°, broché . 100 fr.

Ioannis de Lugo, S. J, *opera omnia*, 8 vol. in-4°, br. . . . . . 300 fr.

Collegii Salmanticensis Cursus theologicus, 20 vol. in-4°, br. . . 200 fr. Chaque volume séparé. . . . . 16 fr.

Ludovici Thomassini Dogmata theologica, par Ecalle. 7 vol. in-4°, br. 120 fr.

Louis de Grenade (œuvres complètes), traduites de l'espagnol et du latin par Bareille, etc. 22 vol. in-8°, br. . . . . 180 fr.

Commentaria in Scripturam Sacram R. P. Cornelii a Lapide, S. J., revus par Mgr Peronne et Crampon. 26 vol. in-4°, br. . . . . . . 200 fr.

Id. Une collection d'occasion en 26 vol., br. . . . . 150 fr.

Œuvres complètes de Bossuet, par Lachat, 31 vol. in-8, br. . . . 100 fr.

Les mêmes, commentaires, par Guillaume. 10 forts vol. in-4°, br. . . 70 fr.

Œuvres de Saint Alphonse de Liguori, traduit par l'abbé Peltier. 20 v. in-8, broché . . . . 120 fr.

Cours de religion, d'après le P. Wilmers, S. J., par l'abbé Grosse. 7 vol in-8, br. . . . . 45 fr.

Grand Catéchisme du P. Canisius, traduit par l'abbé Peltier. 7 vol. in-8, br. 36 fr.

Bible d'Allioli, traduite par l'abbé Gimarey. 8 vol. in-8°, br. . . . 40 fr.

La Sainte Bible à l'usage des Familles, a paru le tome I, fort vol. in-8° Jésus illustré et pouvant être mis entre toutes les mains. L'ouvrage formera 3 volumes. Chaque volume broché, 12 fr., relié. . . . . 15 fr.

Vie des Saints de Ribadeneira pour lecture en famille. 1 fort vol. in-4°, br. 16 fr., relié . . . . 20 fr.

Petits Bollandistes (Les), Vie des Saints, par Mgr Guérin, complétés par Don Piolin. 20 vol. in-8, net : 90 fr. — Édition originale, relié veau. 19 fr.

La Vie des Saints, par Mgr Guérin, d'après Giry, etc. 4 v. in-12, 16 fr., rel. 25 fr.

Histoire universelle de l'Église, par l'abbé Darras, continuée par Mgr Justin Fèvre. 46 vol. in-8°. . . . . 276 fr.

La chasse à travers les âges, par le comte de Chabot, couronné par l'Académie, prix à l'Exposition de 1900, édition rare et recherchée.
Prix, broché : 50 fr. — Papier Japon : 150 fr.

Histoire de saint Vincent Ferrier par le P. Fages. 2 forts vol. illustrés et le Procès de sa canonisation, 1 vol. ; Prix des 3 vol. . . . . . 20 fr.

La Vie des Saints, par Mgr Guérin, illustré par Yan d'Argent, sur japon. 200 fr.

Papier de luxe, 1 ou 2 vol. relié : 65 fr. Édition populaire en 4 vol. in-8°, br. ill. 20 fr.

Episodes miraculeux de N.-D. de Lourdes, par H. Lasserre, broché, 25 fr. relié, 30 et . . . . 35 fr.

N.-D. de Lourdes, du même, broché, 25 fr. Relié, 30 et . . . . . 35 fr.

La Chevalerie, par Léon Gautier, 1 fort volume, relié, 30 et . . . . 35 fr.

Imbert de Saint-Amand, in-4°, ill. La Cour de l'Impératrice Joséphine, 38 fr.
La jeunesse de Louis-Philippe et de la Reine Marie-Amélie. . . . 30 fr.
La Cour de Louis XVIII. 30 fr. — La Cour de Charles X. . . . . 30 fr.
La duchesse de Berry. . . . . 30 fr.

La Papauté devant l'histoire, par le chanoine François Fournier, édition luxueuse et illustrée du portrait de l'auteur, de celui de tous les papes avec leurs armoiries respectives, figurines, lettrines, culs-de-lampes. 2 forts volumes grand in-4° de plus de 908 pages chacun, broché, 50 fr. et relié : 60 et 65 fr

Les Conciles généraux et particuliers et le Concile du Vatican, par Mgr Guérin, nouvelle édition. 4 vol. in-8° 23 50

Histoire critique du catholicisme libéral en France jusqu'au pontificat de Léon XIII, par Mgr Justin Fèvre, complément de toutes les Histoires de l'Église. 1 vol. in-8, 556 pages . . . . 5 fr.

Vie de sainte Thérèse, par les RR. PP. Bollandistes, un fort v. in-folio ill. 75 fr.

Vita Jesu Christi, par Ludolphus de Saxonia. 1 fort vol. in-folio. . . 50 fr.
Diverses reliures : 55, 60 et . . . . 75 fr.

ARTHUR SAVAÈTE, ÉDITEUR, 76, RUE DES SAINTS-PÈRES, PARIS

VIENT DE PARAITRE :

LE PONTIFICAT DE LÉON XIII

Tome 43ᵉ et 44ᵉ de

l'Histoire Universelle de l'Église

DE L'ABBÉ DARRAS

—— CONTINUÉE ET TERMINÉE ——

PAR

Monseigneur JUSTIN FÈVRE

2 forts volumes in-8º carré. — PRIX : **12 francs.**

Le 30 août 1907, à 6 heures du soir, Mgr Justin Fèvre, qui depuis cinq années y travaillait avec ardeur, donnait à M. Thévenot, imprimeur, les dernières épreuves corrigées du dernier volume du *Pontificat de Léon XIII*, fin de l'*Histoire universelle de l'Eglise*, de l'abbé DARRAS ; et le vaillant auteur, très fatigué, en exprima avec soulagement son vif contentement. Une heure après, il soupa et éprouva un malaise : médecin et prêtre accoururent et à 8 heures, sans agonie, ni souffrances, faisant à son entourage un touchant adieu, invoquant Dieu qu'il avait si longtemps et si courageusement servi, il rendait le dernier soupir.

Ainsi mourut à la tâche l'admirable continuateur de Darras, et nous offrons aujourd'hui, aux souscripteurs de cette œuvre monumentale, les deux derniers volumes que l'auteur, moribond, par une grâce spéciale de Dieu, put terminer dans des conditions extraordinaires.

Nous prions les personnes qui possèdent l'œuvre de l'abbé Darras de nous demander sans retard cette suite et fin qui leur est indispensable. Inutile de dire que ces volumes, formant un tout complet du plus haut intérêt, peuvent être lus avec le plus grand profit par tous, et nous les fournirons indistinctivement à tous demandeurs, souscripteurs primitifs ou non. Le tirage est limité à 2.000 exemplaires environ, bien que les souscripteurs primitifs soient au nombre de 25.000. C'est dire qu'il n'y aura pas moyen de suffire à toutes les demandes et, cependant, vu les difficultés des temps et le décès de l'auteur, nous ne ferons pas d'autre tirage.

Il y a donc utilité de ne pas ajourner les demandes des exemplaires dont on peut avoir besoin.

OCCASIONS pour nos CLIENTS

—— SUITE. ——

La Papauté devant l'Histoire, par le Chanoine FOURNIER, 2 vol. in-4° illustrés
50 fr. net. . . . . **35 fr.**
Joannis Duns Scotti opera omnia, édit. VIVÈS, 26 vol. in-4° 800 fr. net . . . . **400 fr.**
Joannis le Lugo opera omnia, édit. VIVÈS, 8 vol. in-4° 300 fr., net. . . . . . . **150 fr.**
Œuvres de Saint Jean Chrysostome, trad. en français par l'abbé BAREILLE, 21 vol.
420 fr., net . . . . **250 fr.**
Saint Jérôme, œuvres complètes, trad. en français par BAREILLE et PERRONE,
18 vol. in-4° 216 fr., net. . . . . **120 fr.**
Roberti Bellarmini opera omnia, par Mgr FÈVRE. 12 vol. in-4° 200 fr., net. . . . **150 fr.**
Saint Thomas d'Aquin, opuscules théologiques et philosophiques, traduits par
BANDEL, etc. 7 vol. in-8° 42 fr., net. . . . . **25 fr.**
Saint Thomas d'Aquin, commentaires sur les Epîtres de St Paul, 6 vol. in-8° 36 fr.,
net. . . . . **25 fr.**
Sancti Bonaventuræ opera omnia, par PELTIER, 15 vol. in-4° 400 fr., net . . . **250 fr.**
Sainte Bible, nouveau commentaire d'ALLIOLI, 8 vol. in-8° 48 fr., net . . . . . **30 fr.** \
Summe Théologique de St Thomas, par LACHAT, 16 vol in-8° 128 fr., net . . . **80 fr.**
Summa Summæ S. Thomæ, par BILLUART, 6 vol. in-12 . . . . **20 fr.**
Theologiæ Suarez Summa par NOEL, 4 vol. in-8° . . . . **20 fr.**
Vies des Saints, extraits populaires pour lectures de famille de RIBADENEIRA. . . **15 fr.**
Les Représentants du peuple en Mission près des armées, par BONNAL DE
GANGES, archiviste au ministère de la Guerre, 4 vol. 32 fr., net . . . . . **20 fr.**
La Chasse à travers les Ages, par le Cte de CHABOT, vol. illustré, broché . . . **50 fr.**
Papier japon . . . . **100 fr.**
Migne : La plupart des Dictionnaires de théologie, de liturgie, droit canon, et, en
général, de sciences religieuses ; de 3 à 4 fr. le vol. . . . . **fr.**
Conférences Ecclésiastiques sur le mariage où l'on concilie la discipline de l'Église
avec la jurisprudence du royaume (1775). 5 vol. reliés. . . . . **fr.**
Œuvres de Saint Léonard de Port Maurice. 3 vol. in-8° . . . . **fr.**
Catéchisme en chaire, (1856). 3 vol . . . . **fr.**
Catéchisme philosophique (1859). 2 vol. in-4°, br. . . . . **fr.**
Explication historique, dogmatique, morale, liturgique, canonique du catéchisme,
par l'abbé Ambroise Guillois (9e édition). 4 vol. . . . . **fr.**
Catéchisme du R. P. L. de Grenade (1825). 7 vol. brochés. . . . . **fr.**
Soirées chrétiennes, Explications du catéchisme par des comparaisons et des exem-
ples, par l'abbé Gridel, (1856). 9 vol. brochés. . . . . **fr.**
Bibliothèque des Prédicateurs, du R. P. Houdry. 8 vol . . . . **30 fr.**
La Somme théologique de Saint Thomas par Billuart. 10 vol. in-8° (Perisse) **25 fr.**
Sermons du R. P. Billuart. 2 vol. **fr.**
Sainte Bible de Vence, (latin-français) avec Atlas et appendice, renfermant plu-
sieurs dissertations et préfaces. 27 vol. . . . . **80 fr.**
Institutions théologiques de Libermann (1855). 5 vol. brochés . . . . . . **fr.**
Catéchisme de Canisius. 6 vol. in-8° . . . . **20 fr.**
Œuvres oratoires du cardinal Cl. Villecourt (1861). 5 volumes . . . . **fr.**
Conférences ecclésiastiques du diocèse d'Angers par Mgr Gousset. 27 vol. bien
reliés (1823). . . . . **60 fr.**
Œuvres du comte de Valmont ou les égarements de la raison. 6 vol. ill. (1807) . **fr.**
Erreurs de Voltaire (les) (1823). 2 vol. . . . . **fr.**
Sermons à l'usage des missions, par l'abbé Blin. 4 vol. (1856). . . . . . . **fr.**
Instructions familières par Guillet. 4 vol. (1858). . . . . **fr.**
Instructions morales sur la doctrine chrétienne (1843). 4 vol. in-12. . . . . **fr.**
Tronson. 1 vol. . . . . **fr.**
Discours de R. Bellarmin. 4 vol. (1855) . . . . **fr.**
Prônes par Badoire, ou quatre années pastorales. 1 vol. in-8° (coll. Migne). . . **fr.**
Annuaire de Marie. 2 vol. in-12, brochés . . . . **fr.**
Déification de l'homme par la grâce. Gridel. 2 vol. in-12, brochés . . . . . **fr.**
Histoire du Concile de Trente, 3 vol. brochés, édit. Migne . . . . **fr.**

PATROLOGIE ORIENTALE
complétant les Patrologies de l'abbé Migne
PAR Mgr R. GRAFFIN ET F. NAU
PROFESSEURS A L'INSTITUT CATHOLIQUE DE PARIS.

COLLECTION MONUMENTALE GRAND IN-8ᵉ (format de Migne)
Ont paru jusqu'ici :

TOME I, comprenant *a)*. — **Le livre des mystères du ciel et de la terre** (éthiopien et français), par J. PERRUCHON et I. GUIDI ; *b.* et *d.* **History of the Patriarchs of the Coptic Church of Alexandria** (arabe et anglais),par B.EVETTS; *c)* **Le Synaxaire arabe jacobite, Tout et Babeh** (arabe et français), par René BASSET ; *e)*. **Le Synaxaire éthiopien, Mois de Sanê** (éthiopien et français), par I. GUIDI.
Un volume de XII et 706 pages, 43 francs.

TOME II, comprenant *a)*. — **Vie de Sévère par Zacharie le Scholastique** (syriaque et français), par M.-A. KUGENER : *b)*. **Les Evangiles des douze Apôtres et de Saint Barthélemy** (copte et français), par le Dʳ E. REVILLOUT ; *c)*. **Vie de Sévère par Jean, supérieur du monastère de Beith Aphthonia,** suivie d'un recueil de fragments historiques syriaques, grecs, latins et arabes, relatifs à Sévère, par M.-A. KUGENER ; *d)*. **Les Versions grecques des Actes des martyrs persans sous Sapor II** (grec et latin), par H. DELEHAYE, S. J., Bollandiste ; *e)*. **Le Livre de Job** (éthiopien et français), par E. PEREIRA.
Un volume de 690 pages, 41 fr.

Va paraître :

TOME III, *a)*. — **Les histoires d'Ahoudemmeh et de Marouta,** primats jacobites de Tagrit et de l'Orient (VIᵉ-VIIᵉ siècles), suivies du traité d'Ahoudemmeh sur l'homme, texte syriaque inédit, traduction française par F. NAU ; *b)*. — **Réfutation de Sa id Ibn Batriq (Eutychius), par Sévère Ibn-al-Moqaffa, évêque d'Aschmounaïn,** texte arabe, traduction française par P. CHÉBLI, prêtre maronite ; *c)*. — **Le synaxaire arabe-jacobite** (suite), **Hatour et Kihoc,** arabe et français, par René BASSET ; *d)*. — **Sargis d'Aberga,** controverse judéo-chrétienne, texte éthiopien inédit, traduction française, par A. GRÉBAUT.

Va paraître :

TOME IV, *a)*. — **Les Homélies de Sévère d'Antioche,** texte syriaque inédit, traduction française : Fasc. I, par Rubens DUVAL ; *b)*. — **Papyrus grecs relatifs à l'antiquité chrétienne,** publiés et traduits en français par le Dʳ C. WESSELY, conservateur de la Bibliothèque impériale de Vienne ; avec planches ; *c)*. — **Histoire nestorienne inédite** (chronique de Séert), texte arabe publié par Mgr ADDAÏ SCHER et traduit en français par plusieurs orientalistes ; *d)*. — **La cause de la fondation des écoles,** par MAR HADBESCHABBA ARBAIA, évêque de Halwan, texte syriaque, publié, traduit et annoté par Mgr Addaï Scher, archevêque chaldéen de Séert ; *e)*. — **Histoire de saint Pacôme,** texte grec inédit des misions de Paris 881 et suppl. 480, avec une traduction française de la version syriaque, analyse des mss. palimpsestes : Paris 1480 et Chartres 1753,1754; **Histoire de S. Jean-Baptiste. Miracle de S. Michel à Colosses,** avec l'ancienne traduction latine, par MM. J. BOUSQUET, vice-recteur et professeur de grec à l'Institut catholique de Paris, et F. NAU ; avec planches ; *f)*. — **The life of Severus, patriarch of Antioch, by Athanasius,** texte éthiopien inédit, traduction anglaise, par E. J. GOODSPEED.

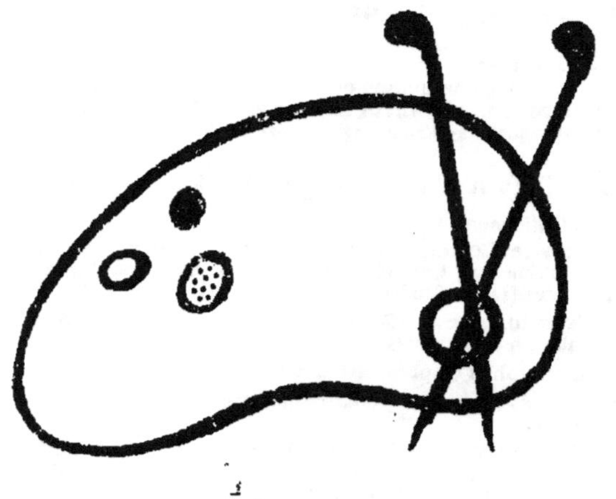

Original en couleur

NF Z 43-120-8

UNION
DU SAVOIR AGRICOLE,

par

LOUIS CHATENAY,

de Doué-la-Fontaine.

ANGERS,
IMPRIMERIE DE LAINÉ FRÈRES,
Rue Saint-Laud, 9.

—

1858.